AF416969

Óscar Lucien, es sociólogo. Doctor en Ciencias de la Comunicación y de la Información. También es cineasta. Se ha especializado en la investigación de temas de comunicación y cultura. Profesor jubilado de la Universidad Central de Venezuela, fue director del Instituto de Investigaciones de la Comunicación (2000-2005) y director general y presidente de la Fundación Cinemateca Nacional (1991-1994). También fue presidente de la Asociación Nacional de Autores Cinematográficos ANAC (1989-1991). Es columnista del diario *El Nacional.* es autor de *Fiebre, una historia sin tiempo: proposición metodología para el estudio del film; El documental en la encrucijada,* y *La comunicación política.* Fue condecorado con la Ordre des Arts et des Lettres, en el grado de oficial, de la República Francesa (1994). Miembro cofundador de la ONG Ciudadanía Activa, comprometida con la promoción de valores democráticos y la defensa de los derechos civiles y políticos de los venezolanos.

Cerco rojo a la libertad de expresión

Cerco rojo a la libertad de expresión

ÓSCAR LUCIEN

Cerco rojo a la libertad de expresión

PRÓLOGO
Eduardo Bertoni

dahbar

© Editorial Dahbar
© Óscar Lucien

1ª. edición: 2011

Depósito legal: lf252201130032
ISBN: 978-980-7212-04-5

Diseño de tapa: Gustavo González
Corrección de pruebas: Carlos González Nieto
Impreso en Gráficas Lauki
Impreso en Venezuela (*Printed in Venezuela*)

Quedan rigurosamente prohibidas, sin la autorización escrita de los titulares del *copyright*, bajo las sanciones establecidas en las leyes, la reproducción total o parcial de esta obra por cualquier medio o procedimiento, comprendidos la reprografía y el tratamiento informático, y la distribución de ejemplares de ella mediante alquiler o préstamo público.

PRÓLOGO

Desde hace varios años sigo la situación de la libertad de expresión en Venezuela. Ello poco puede importarle al lector del libro de Óscar Lucien al que me han honrado solicitando un prólogo. Sin embargo, déjeme compartir con usted, lector que dentro de poco comenzará a transitar las páginas de *Cerco rojo a la libertad de expresión*, mi impresión luego de leerlo y que proviene de alguien que ha leído muchísimos informes, documentos, comunicados de prensa y otros escritos tanto del gobierno de la República Bolivariana de Venezuela como de distintas organizaciones no gubernamentales (ONGs) venezolanas y extranjeras: estamos frente a una obra que tiene la virtud de haber recopilado una enorme cantidad de situaciones escritas de una manera ágil y amena y que, relatadas una tras la otra, permiten dejar la conclusión abierta a quien lee la obra. En otras palabras: no hace falta que quien prologa este libro, el autor, u otros comentaristas, le digan al lector cuál es la situación de la libertad de expresión en Venezuela. Lea el libro y saque sus conclusiones. Confío en que estaremos de acuerdo: la situación es grave.

Al comienzo de la obra Lucien cuenta una anécdota que me resultó familiar. Dice que cuando conversaba con un diplomático extranjero antes de empezar a escribir el libro, el comentario del diplomático fue: "Pero no hay periodistas presos en Venezuela". Exactamente lo mismo escuché y leí muchas veces proveniente de fuentes oficiales venezolanas. Sin perjuicio que en el momento que lo había escuchado o leído ese hecho era constatable fácticamente —no podría decir lo mismo hoy— lo cierto es que ese parámetro de ninguna manera puede ser el baremo para medir la situación de la libertad de expresión en cualquier país. Por supuesto que el encarcelamiento por las expresiones críticas al gobierno sin duda es una amenaza grave a la libertad de expresión. Pero no es la única acción u omisión que puede generar violaciones a este derecho fundamental. De hecho, el libro relata muchas más situaciones, que no son encierros de personas y que, sin embargo, permiten afirmar que el clima para el ejercicio de la libertad de expresión en Venezuela no es favorable.

Esas situaciones se describen luego de una enumeración de tratados, declaraciones y leyes que protegen la libertad de expresión. Ello no sólo es un útil marco teórico sobre el cual se asienta el trabajo de Lucien, sino que también sirve para darle una estructura al libro que resulta interesante. Entre los textos que se citan, menciona la Declaración de Principios sobre Libertad de Expresión aprobada por la Comisión Interamericana de Derechos Humanos (CIDH) en el año 2000. Este documento no sólo se cita completo como anexo, sino que algunos de sus principios encabezan las distintas secciones del libro, lo cual permite constatar "hechos vs. principios" para dejar en blanco y negro el contraste: la Declaración de Principios en Venezuela es letra muerta.

Lamentablemente, ello no debe sorprendernos, aunque sí alarmarnos. Como bien muestra el libro, todos los poderes públicos de Venezuela han rechazado durante los últimos años las decisiones del sistema interamericano de protección de los derechos humanos cuando no son de su agrado. Se cita, por ejemplo, las declaraciones del propio presidente Hugo Chavez Frías cuando calificó de "nefasta" y "mafia" a la CIDH (p. 182). Sin perjuicio que desde hace más de cinco años integran la CIDH personas de nacionalidad venezolana propuestas por el gobierno venezolano para su nombramiento por la Asamblea General de la OEA, lo cual una vez más marcaría las contradicciones del discurso y de los hechos que caracterizan al presidente venezolano, no deja de ser preocupante que la máxima autoridad del estado se refiera en esos términos a un órgano que ha sabido construir su legitimidad y prestigio durante más de 50 años de trabajo.

Comparto con Lucien cuando dice que (p. 121) "un observador externo en pasada rasante por el país puede llevarse una impresión bastante engañosa sobre el real estado de la libertad de expresión". En verdad, es posible escuchar voces provenientes de algunas organizaciones –e incluso el propio Gobierno–, que señalan que en Venezuela existe una amplia libertad de expresión y, para ello, argumentan que basta con leer los diarios o ver los noticieros para darse cuenta de que en el país la crítica al Gobierno es constante y, en muchos casos, sin precedente en otros lugares. Si bien es cierto que esta constatación fáctica era mucho más sencilla hace algunos años, no es menos cierto que en cierta medida también puede hacerse hoy en día y confundir al observador externo que menciona Lucien.

El argumento de quienes consideran que el ejercicio de la libertad de expresión en Venezuela es vigoroso, por las razones recién explicadas, o resumida en la frase de "no tener periodistas presos" que también anota Lucien y a la que hice referencia más arriba, tiene una falla en su premisa inicial. Tal falla consiste en entender que sólo basta la libertad de crítica al Gobierno para confirmar la existencia de un ambiente donde está garantizado el ejercicio de la libertad de expresión.

Obviamente que la libertad de crítica en asuntos de interés público es fundamental para afirmar un ambiente adecuado para la realización de la libertad de expresión. Pero esta libertad no debe traer como consecuencia represalias arbitrarias. La existencia de un campo propicio para el ejercicio de la libertad de expresión no se puede medir a partir del grado de la valentía de las personas que se requiera para llevar adelante críticas, cualquiera sea su costo. No podemos afirmar la existencia de la libertad de expresión porque encontremos mártires dispuestos a inmolarse por ella.

El ambiente apropiado para el ejercicio de ese derecho es aquel donde la arquitectura institucional juega un papel fundamental, posibilitando la crítica sin temor a represalias arbitrarias. Es evidente que ese temor a represalias por la expresión crítica conduce a la autocensura. El libro de Lucien da muestra acabada de cómo, y de manera creciente, las políticas públicas plasmadas en leyes o regulaciones de menor jerarquía han ido a contravía de un diseño institucional adecuado. Por su parte, el relato que hace el autor de la desaparición de programas de televisión y radio críticos al Gobierno ("Autocensura y falta de pluralismo") da cuenta del impacto negativo que pueden casusar estas políticas. A mayor abundamiento, vale destacar que un estudio realizado en Venezuela mediante entrevistas a periodistas, concluye que los juicios impulsados en su contra los han llevado a replantearse "…si continuar o no de la misma manera el ejercicio profesional". Sostiene el estudio que: "El riesgo de incurrir en la autocensura propia o inducida está ahora con una presencia muy superior que en otras épocas según sus propias palabras. Están más conscientes de que representan un blanco vulnerable frente a las represalias de los funcionarios que utilizan los recursos establecidos en el Código Penal (vilipendio, difamación e injuria) vigilando el trabajo propio. También son conscientes de que los medios para los que trabajan pueden verse vulnerados por tales poderes e influencia y que les incumbe a ellos pues son parte de esa cadena de control"[1].

Cerco rojo a la libertad de expresión describe las acciones más visibles que a lo largo de estos años han llevado a muchas organizaciones internacionales, gubernamentales y no gubernamentales, a expresar su preocupación por el ejercicio de la libertad

---

1   Ver "El Peso de las Palabras, Procesos Judiciales y Libertad de Expresión en Venezuela 2002-2006", Espacio Público, Carlos Correa y Débora Calderón (coords.), año 2007, p. 115.

de expresión en Venezuela. Por ejemplo, los ataques físicos a periodistas descriptos en el libro y constatados por organismos internacionales de derechos humanos –cuyo punto más alto se dio en el período 2002-2003, decayendo luego–; la ausencia de investigaciones que determinaran los culpables de esos ataques –dicho de otro modo, la impunidad en la que persisten sus autores–; los cambios legislativos impulsados por el Gobierno directamente vinculados con el ejercicio de la libertad de expresión –por ejemplo, el nuevo Código Penal o la Ley de Responsabilidad Social en Radio y Televisión–; o la interpretación judicial de la legislación –interpretación muchas veces contraria a los estándares internacionales–; son algunas de esas acciones que llaman a la preocupación de la comunidad internacional.

Decía al comienzo que el lector podrá sacar sus conclusiones sin necesidad de leer las que trae el propio libro, porque el relato es completo y de ágil lectura. Mi conclusión es que la libertad de expresión en Venezuela se ha venido deteriorando a lo largo de los últimos años. Este libro muestra que ello no ha ocurrido de manera intempestiva. Parecería que el ejercicio de la libertad de expresión está cada vez más "cercado" a través de acciones que ocurren y se consolidan y que luego quedan a la espera de una futura acción aun mas restrictiva. *Cerco rojo a la libertad de expresión* de Óscar Lucien, es un estímulo para que el acostumbrarse a la violación de principios no le gane a la defensa de esos principios.

Eduardo Bertoni*

---

* Director del Centro de Estudios en Libertad de Expresión y Acceso a la Información (CELE) de la Facultad de Derecho de la Universidad de Palermo. Ex Relator Especial para la Libertad de Expresión en la Comisión Interamericana de Derechos Humanos.

PRELIMINAR

LA MOTIVACIÓN INICIAL de este trabajo surge de la visita, a mediados de 2006, de dos directivos de la Confederación Venezolana de Industriales a la sede de Ciudadanía Activa[2] para presentar el documento "El cerco en torno a la actividad productiva". Con abundantes y precisos datos, Eduardo Gómez Sigala (presidente) e Ismael Pérez Vigil (director ejecutivo) presentaron un contundente informe sobre las acciones del gobierno del teniente coronel Hugo Chávez en los ámbitos propiamente económicos, pero también legales, impositivos, financieros, de políticas públicas, que, en atención a su exposición, atentaban contra el ejercicio de las libertades económicas para configurar lo que ellos calificaban como un "cerco" a la propiedad privada, consagrada en la Constitución Nacional. Luego de la animada discusión que suscitó el documento, algunos miembros de Ciudadanía Activa estimamos pertinente promover iniciativas de semejante aliento en relación con lo que de similar manera se podía calificar como "cerco" a la sociedad civil y, también, de "cerco" a la libertad de expresión, temas muy sensibles para nuestra asociación.

Inspirado en el modelo del documento de Conindustria me correspondió elaborar un esquema que constituyó el punto

---

2   Ciudadanía Activa es una asociación civil sin fines de lucro, fundada en enero de 2002, para la promoción de los valores democráticos y la defensa de los derechos civiles y políticos de los venezolanos.

de partida de este trabajo, con el cual intento ilustrar las limitaciones y atentados al ejercicio pleno de la libertad de expresión y del derecho a la información de los venezolanos.

Al partir de una revisión de la documentación existente, dejo expreso agradecimiento a quienes desde el ámbito legal, constitucional, de la defensa de los derechos humanos, pero particularmente en el difícil campo del seguimiento y de la documentación, han contribuido con sus reflexiones e informes a la síntesis que pretendo con este texto. Con el riesgo de alguna ausencia hago expresa mención de Carlos Ayala Corao, Rafael Chavero, Héctor Faúndez, Carlos Correa, Gustavo Hernández Díaz, Marcelino Bisbal, Andrés Cañizales y los valiosos informes de Espacio Público, de Provea, de numerosas páginas web especializadas y, de manera especial, el prolijo informe del periodista y ex constituyente Alberto Jordán Hernández que me ofreció una primera perspectiva para asumir el proyecto y de donde se deriva la mayor parte de las referencias de periódicos. Queda claro que cualquier inconsistencia sobre la información comentada y, sobre todo, la opinión aquí expresada son de mi total y absoluta responsabilidad.

Asimismo, este trabajo se nutre de mis propios artículos de opinión, de intervenciones públicas y de ponencias, relacionados con temas de libertad de expresión y derecho a la información.

¿Cerco a la libertad de expresión? Sí. Pretendemos una suerte de radiografía de las limitaciones derivadas del ejercicio de la libertad de expresión en Venezuela, estando conscientes de la alta tensión en el mundo actual entre la actividad de los medios de comunicación y el ejercicio político, vale decir, de la prevalencia de principios, valores y derechos de la vida en democracia.

Resultado de la crisis de los partidos políticos en las democracias actuales, que han tenido dificultad para adecuarse a los desafíos y oportunidades de la llamada globalización y al impacto de las nuevas tecnologías digitales, y a la indiferencia de los ciudadanos por los asuntos públicos, los medios de comunicación, que duda cabe, desempeñan un papel determinante en el juego político. Los dilemas de esta preponderancia de los medios han sido producto de debates a nivel internacional, llegando en algunas oportunidades a expresarse en términos extremos con la interrogante: ¿democracia o telecracia? Pero, sin duda, estos debates son propios de las sociedades democráticas: véase el caso de Berlusconi en Italia, los impasses con los medios del presidente Sarkozy en Francia, las polémicas que han generado intentos de regulación en México o Argentina. El problema se torna grave cuando, en lugar de buscar los mecanismos consensuales que permitan la libre actuación de los medios con apego a principios y valores compartidos por la sociedad y con respeto al equilibrio de la pluralidad de la opinión política del país, se pretende imponer una voz única. Karl Popper nos ha ofrecido una perspectiva pertinente para la compresión y valoración de esta problemática: "La democracia consiste en poner bajo control el poder político. Es esta su característica esencial. En una democracia no debería existir ningún poder no controlado".

En Venezuela, con la llegada de Hugo Chávez, se inicia un proceso que en apariencia retoma consideraciones, propuestas, expectativas de los sectores académicos y de la ciudadanía en general en relación con el papel de los medios de comunicación en la promoción de valores de una cultura ciudadana para la democracia, sensibles de la diversidad de la expresión cultural de los venezolanos, pero se desnaturaliza de sus propósitos y orientaciones primigenias en función de la implantación de un modelo de pensamiento único, autocrático y de culto a la personalidad del Presidente de la República.

Una mirada retrospectiva de estos once años de gobierno puede mostrar que estamos ante un plan que, si bien no explícito en sus años iniciales, se ha ido articulando hasta el momento en que se anuncia a viva voz la pretensión oficial de la hegemonía comunicacional. A partir del desacato del presidente Chávez de la expresión de la voluntad popular que rechazó su inconstitucional proyecto de reforma de la Constitución en el referendo de diciembre de 2007, podemos afirmar con absoluta convicción que el cerco a la libertad de expresión en Venezuela anuncia la muerte de la democracia en nuestro país.

Finalmente dejo expreso agradecimiento a mis compañeros de Ciudadanía Activa por el permanente estímulo y la confianza para el desarrollo del proyecto, a Caroline de Oteyza, Gustavo Hernández Díaz y Luis Vezga Godoy por la dedicada lectura del manuscrito original y sus pertinentes observaciones y a la Fundación Konrad Adenauer por los auspicios para la edición de este texto.

Óscar Lucien
Diciembre de 2010

CERCO A LA LIBERTAD DE EXPRESIÓN EN VENEZUELA

> "El periodismo no es un circo para exhibirse, ni un tribunal para juzgar, ni una asesoría para gobernantes ineptos o vacilantes, sino un instrumento de información, una herramienta para pensar, para crear, para ayudar al hombre en su eterno combate por una vida más digna y menos injusta".
>
> TOMÁS ELOY MARTÍNEZ

RECUERDO QUE EN EL BAUTIZO de un libro coincidí con un representante diplomático de un país europeo, recién llegado a Venezuela. Luego de las presentaciones habituales, compartimos comentarios generales sobre nuestro país, sobre la naturaleza de los cambios políticos que vivimos. De inmediato surgió el tema de los medios de comunicación y, en particular, el de la libertad de expresión. "Pero no hay periodistas presos en Venezuela", me respondió tajante el embajador ante una preocupación mía sobre las crecientes restricciones a la libertad de expresión durante el actual gobierno. Tengo presente que la conversación se interrumpió, no sólo por la imposibilidad momentánea de no poder articular ninguna respuesta a la categórica incredulidad de mi interlocutor, sino por la insistencia de un diligente camarero que nos imponía su bandeja con un suculento e irrenunciable canapé, del cual el excelentísimo embajador no pudo quitar la vista. "Muy buena la cachapa con queso de telita", me comentó con su gracioso acento y ya no pudo decir más nada porque, como sabemos, es de mala educación hablar con la boca llena.

¡Pero no hay periodistas presos en Venezuela! Me sorprendió que en tan poco tiempo en estas tierras ya se hubiera aprendido la acomodaticia frase que a diario escuchamos en labios

de connotados voceros del Gobierno para refutar, con esas siete palabras, cualquier reproche ante el controvertido asunto de las limitaciones a la libertad de expresión. Tal coincidencia de apreciaciones y, en particular, la necesidad de fundamentar nuestra convicción de que en Venezuela sí peligra la libertad de expresión, constituye el propósito esencial de este texto.

Pretendo mostrar, tomando como fuente principal la propia reseña de la prensa venezolana, cómo desde el gobierno nacional se han puesto en práctica medidas jurídicas, administrativas, judiciales, impositivas y justificaciones políticas que configuran un *cerco a la libertad de expresión* y desmienten el manido tópico de que "no hay periodistas presos en Venezuela". De más está decir que con el transcurrir del tiempo, en efecto, sí ha habido periodistas tras las rejas y otros en el exilio bajo acusaciones que conducen a la privación de su libertad.

Intentaremos poner en contexto la actuación del Estado durante estos años de gobierno "bolivariano" para demostrar que, en buena medida, no se trata de acciones aisladas sino que se corresponden con una visión político-ideológica que contradice valores esenciales de la vida en democracia.

1. LA LIBERTAD DE EXPRESIÓN EN VENEZUELA

EL PRESIDENTE de la República Hugo Chávez Frías, electo en diciembre de 1998, toma posesión de su cargo el 2 de febrero de 1999. En su primera aparición formal como jefe del Estado, el nuevo Presidente no pasa desapercibido: su extravagante juramento sobre la que denomina "moribunda Constitución" presagia lo que será su desempeño en el cargo. Heterodoxo respecto de las formas protocolares, verbo encendido y talante confrontador, su anuncio de convocatoria de una asamblea constituyente, a pesar del impedimento constitucional para hacerla, es tolerado con pasmosa docilidad por los venezolanos. Para este momento, sin embargo, no están en escena todos los elementos que permitan tener una mínima idea de su pretensión de mantenerse en el poder indefinidamente, a cualquier precio: subvirtiendo las Fuerzas Armadas Nacionales, controlando los poderes públicos, construyendo una hegemonía comunicacional gubernamental, restringiendo la libertad de expresión.

Con todo, el gobierno del presidente Chávez se inicia en aparente buenas migas con los medios de comunicación privados. Dos de los periodistas de opinión más conocidos y de significativa influencia mediática forman parte de su primer gabinete: José Vicente Rangel, designado ministro de Relaciones Exteriores, y Alfredo Peña, en el Ministerio de la Secretaría de la Presidencia. Carmen Ramia, promotora cultural, directora general del prestigioso Ateneo de Caracas[3], para la época esposa del editor del influyente diario *El Nacional*, ocupa el Ministerio de la Oficina Central de Información (OCI).

La luna de miel, sin embargo, resulta muy breve. Con apenas tres semanas en el cargo Carmen Ramia renuncia a la jefatura de la OCI el 24 de febrero de 1999:

"Tal como expliqué en su momento, acepté dirigir la OCI, convencida de que la necesidad de cambiar el rumbo del país requiere el mayor esfuerzo por crear y poner en marcha un amplio programa de comunicaciones, con profundos y eficientes contenidos informativos y pedagógicos, que contribuya a estimular lo que se ha llamado la otra constituyente, es decir, cambios culturales en la comprensión de cada ciudadano con respecto a la participación y la responsabilidad que todos debemos tener con el desenvolvimiento del país. La situación actual de la OCI no facilita el logro de tales objetivos".[4]

Con Alfredo Peña, a la sazón Alcalde Metropolitano de Caracas[5] con los votos del chavismo, vendrá la ruptura meses

---

3   Institucion privada, fundada en 1931, el Ateneo de Caracas es un patrimonio de la cultura de Venezuela y de América Latina. A lo largo de su historia ha sido un espacio plural y crítico, un centro para el desarrollo de la creación artística, para la docencia, para el debate político. María Teresa Castillo, su llama vital, imprimió su compromiso, su pasión desbordada, su empeño solidario en hacer también del Ateneo de Caracas un lugar de acogida y respaldo a muchos intelectuales y creadores de América Latina que venían aventados por la fiereza del militarismo y la represión que hoy, paradojas del destino, también ha llegado a nuestro país. Por decisión presidencial y de la mano del ministro de Cultura, Farruco Sesto, el Ateneo fue despojado de su sede en enero de 2009. La medida es considerada un atentado a la libertad de expresión.

4   *Notitarde*, 26 de febrero de 1999

5   Alfredo Peña ganó las elecciones para la recién creada Alcaldía Metropolitana como candidato del MVR, partido del presidente Chávez, antecesor del PSUV. El 15 de octubre de 2004 desde el exilio, en Miami, Florida, anuncia que no regresará a Venezuela hasta que no se restablezca el Estado de derecho en Venezuela.

más tarde, en octubre de 2001. Peña, que mantiene una polémica con el Poder Ejecutivo por la contratación del asesor de seguridad norteamericano William J. Braton, reclama a Chávez "echarle plomo al hampa" y no a los medios de comunicación.

En muy poco tiempo, el presidente Chávez, que ha impuesto la modalidad de un programa semanal, *Aló Presidente*,[6] muestra una hipersensibilidad al escrutinio crítico de los medios que llegará a niveles máximos de confrontación años más tarde.

Estoy consciente de que desde el Gobierno, incluso desde la posición de un observador externo, pretendidamente imparcial, se pueda argüir que, con la cantidad de medios privados que existen en Venezuela, con la cantidad de columnistas claramente opositores que se expresan en los medios, con las líneas editoriales marcadamente desafectas al Gobierno, y más aun con el talante crítico, mordaz y en casos altisonante de algunos medios, no se restringe la libertad de expresión en Venezuela.

Pues bien, la mala noticia es que de acuerdo con los estándares internacionales de las sociedades democráticas contemporáneas, el cada vez más reducido panorama indicado no agota los indicadores que califican si existe o no libertad de expresión en un país determinado. No se precisa de "periodistas presos" para determinar el grado de libertad de expresión en una sociedad democrática. Restricciones en el acceso a la información pública, la prevaleciente cultura del secreto, la constante ampliación del concepto de "seguridad nacional", la incidencia de la propaganda estatal, la frecuente autocensura, la falta de pluralismo, el desprestigio oficial y oficioso a periodistas, las agresiones físicas a reporteros y a instalaciones de medios, la ilegal intercepción telefónica, las amenazas al secreto profesional, la mentira como política, los acuerdos políticos con propietarios o directivos de

---

6   El programa se transmite todos los domingos, con duración promedio de cinco horas en todo el circuito de radiotelevisión oficial y en una buena cantidad de emisoras comunitarias. Hasta diciembre de 2010, con sus reposiciones, se han transmitido algo más de 2.500 horas de *Aló Presidente*.

medios, y la debilidad institucional para hacer frente al elenco de situaciones aquí comentadas, configuran restricciones a la libertad de expresión y determinan el real grado de la garantía a la libertad de expresión y al derecho a la información que consagran el carácter democrático de un país determinado.

Sin medios libres no hay democracia

Pretendido alfa y omega de la revolución bolivariana, vale la pena citar la convicción del Libertador en la materia. Simón Bolívar advertía en 1819 que "el derecho de expresar sus pensamientos y opiniones de palabra, por escrito o de cualquier otro modo, es el primero y más inestimable don de la naturaleza. Ni aun la misma ley podrá jamás prohibirlo". Tomás Jefferson, principal redactor de la Declaración de Independencia de Estados Unidos, al insistir en que la Constitución estadounidense debía incluir el derecho del público a la libertad de expresión, a la prensa libre y el derecho de reunión, escribió en 1787: "Si yo tuviera que decidir entre tener un gobierno y no tener periódicos o tener periódicos y no tener gobierno, no dudaría ni un segundo en elegir lo último".

La Declaración Universal de los Derechos Humanos aprobada por la Asamblea General de las Naciones Unidas (10 de diciembre de 1948) proclama un *"ideal común por el que todos los pueblos y naciones deben esforzarse* a fin de que tanto los individuos como las instituciones, inspirándose constantemente en ella, promuevan, mediante la enseñanza y la educación, el respeto a estos derechos y libertades, y aseguren, por medidas progresivas de carácter nacional e internacional, su reconocimiento y aplicación universales y efectivos, tanto entre los pueblos de los Estados Miembros como entre los de los territorios colocados bajo su jurisdicción"[7]. Entre esos derechos esenciales se consagra la garantía a la libertad de expresión y la obligación de los Estados a su protección. Con todos sus bemoles, con sus

---

7   Naciones Unidas (www.un.org/es/documents/udhr/), destacado nuestro.

altas y bajas, lo establecido en el artículo 19 de la citada Declaración Universal de los Derechos Humanos aparece recogido en todas las constituciones de los países democráticos:

> Todo individuo tiene derecho a la libertad de opinión y de expresión; este derecho incluye el de no ser molestado a causa de sus opiniones, el de investigar y recibir informaciones y opiniones, y el de difundirlas, sin limitación de fronteras, por cualquier medio de expresión.[8]

Sin medios de comunicación libres no hay democracia. Para que los ciudadanos de un país puedan disfrutar las ventajas políticas, sociales y económicas que consagra el Estado de derecho, todas las instancias de poder, y en particular el Estado, deben estar abiertas al escrutinio cotidiano del pueblo.

> Los medios de comunicación independientes desempeñan cuatro funciones vitales en una democracia. Primero, sirven para fiscalizar a los poderosos, obligándoles a rendir cuentas ante el pueblo. Segundo, arrojan luz sobre temas que requieren atención. Tercero, instruyen a los ciudadanos de modo que puedan tomar decisiones políticas. Cuarto, conectan a las personas y ayudan a crear el "pegamento" social que une a la sociedad civil.[9]

Los medios de comunicación social tienen derecho a realizar su labor en forma independiente. Presiones directas o indirectas dirigidas a silenciar la labor informativa de los comunicadores sociales son incompatibles con la libertad de expresión. La utilización del poder del Estado y los recursos de la hacienda pública; la concesión de prebendas arancelarias; la asignación arbitraria y discriminatoria de propaganda oficial y créditos

---

8   Ídem, artículo 19.

9   "La libertad de prensa", Ellen Hume, directora del Centro de Sociedad y Medios de Comunicación, Universidad de Massachusetts, Boston.

oficiales; el otorgamiento de frecuencias de radio y televisión, entre otros, con el objetivo de presionar y castigar o premiar y privilegiar a los comunicadores sociales y a los medios de comunicación en función de sus líneas editoriales e informativas, atentan contra la libertad de expresión y deben estar expresamente prohibidos por la ley.

Estas consideraciones, extraídas del preámbulo de la Declaración de Principios sobre Libertad de Expresión de la Comisión Interamericana de Derechos Humanos (CIDH)[10] deben marcar el compromiso esencial de un gobierno verdaderamente democrático respecto del ejercicio de la libertad de expresión y de la garantía del derecho a la información consagrados en nuestra Carta Magna. De igual manera es fundamental comprender que el ejercicio y defensa de la libertad de expresión, la garantía de actuación de medios de comunicación en plena libertad, no es un privilegio de periodistas o comunicadores y mucho menos de propietarios de medios de comunicación. Tal como consagra la declaración de principios de la CIDH, la libertad de prensa es esencial para la realización del pleno y efectivo ejercicio de la libertad de expresión e instrumento indispensable para el funcionamiento de la democracia, mediante la cual los ciudadanos ejercen su derecho a recibir, difundir y buscar información.

La democracia, en sus definiciones más básicas, presupone un ciudadano en capacidad de elegir. Y la calidad de elección está en estrecha relación con el nivel y calidad de información de que dispone en un momento dado. Para actuar libre y responsablemente en la vida social y política el ciudadano necesita un acceso libre, plural y oportuno a la información. Sin tutela del gobierno ni de corporación mediática privada alguna. En consecuencia, el modelo político de la democracia entraña la

---

10   La Comisión Interamericana de Derechos Humanos (CIDH) es un órgano de la Organización de los Estados Americanos (OEA). Su función esencial es promover la observancia y defensa de los derechos humanos y de fungir como órgano consultivo de la organización en esta materia.

existencia de medios de comunicación libres, independientes del aparato de gobierno, de la misma manera que excluye el predominio de monopolios de información y opinión públicos o privados. El pluralismo y la garantía de la diversidad de la opinión política nacional son fundamentales para el buen funcionamiento de la democracia.

La Constitución de Venezuela, sancionada por referendo popular el 15 de diciembre de 1999, consagra entre sus principios fundamentales, en el artículo 2, que "Venezuela se constituye en Estado democrático y social de Derecho y de Justicia, que propugna como valores superiores de su ordenamiento jurídico y de su actuación la vida, la libertad, la justicia, la igualdad, la solidaridad, la democracia, la responsabilidad social, la preeminencia de los derechos humanos, la ética y el pluralismo político". Reconocida por tirios y troyanos como un texto constitucional de avanzada en lo que a derechos humanos se refiere, consagra en el artículo 57:

Toda persona tiene el derecho a expresar libremente sus pensamientos, ideas, u opiniones de viva voz, por escrito o mediante cualquier otra forma de expresión, y de hacer uso para ello de cualquier medio de comunicación y difusión, sin que pueda establecerse censura. Quien haga uso de este derecho asume plena responsabilidad por todo lo expresado. No se permite el anonimato, ni la propaganda de guerra, ni los mensajes discriminatorios, ni los que promuevan la intolerancia religiosa. Se prohíbe la censura a los funcionarios públicos para dar cuenta de los asuntos bajo su responsabilidad.[11]

Por otra parte, el artículo 58 establece:

La comunicación es libre y plural, y comporta los deberes y responsabilidades que indique la ley. Toda persona tiene derecho a la

---

11   Constitución de la República Bolivariana de Venezuela, diciembre de 1999.

información oportuna, veraz e imparcial, sin censura, de acuerdo con los principios de esta Constitución, así como el derecho a réplica y rectificación cuando se vean afectados directamente por informaciones inexactas o agraviantes...[12]

De igual manera, vale la pena destacar como asunto relevante que, de acuerdo con la Carta Magna venezolana, "Los tratados, pactos y convenciones relativos a los derechos humanos, suscritos y ratificados por Venezuela, tienen jerarquía constitucional y prevalecen en el orden interno en la medida que contengan normas sobre su goce y ejercicio más favorable a las establecidas" y, según el mismo texto constitucional, son de aplicación inmediata y directa por los tribunales nacionales y demás órganos del poder público.

Venezuela, además, es signataria de la Convención Americana sobre Derechos Humanos (Costa Rica, 1969) que opera como el marco internacional de más alto rango en lo que respecta a la libertad de expresión.

El artículo 13, relativo a la Libertad de Pensamiento y de Expresión, establece que:

1. Toda persona tiene derecho a la libertad de pensamiento y de expresión. Este derecho comprende la libertad de buscar, recibir y difundir informaciones e ideas de toda índole, sin consideración de fronteras, ya sea oralmente, por escrito o en forma impresa o artística, o por cualquier otro procedimiento de su elección.

2. El ejercicio del derecho previsto en el inciso precedente no puede estar sujeto a previa censura sino a responsabilidades ulteriores, las que deben estar expresamente fijadas por la ley y ser necesarias para asegurar: a) el respeto a los derechos o a la reputación de los demás, o b) la protección de la seguridad nacional, el orden público o la salud o la moral públicas.

3. No se puede restringir el derecho de expresión por vías o medios

---

12   Ídem.

indirectos, tales como el abuso de controles oficiales o particulares de papel para periódicos, de frecuencias radioeléctricas, o de enseres y aparatos usados en la difusión de información o por cualesquiera otros medios encaminados a impedir la comunicación y la circulación de ideas y opiniones.

4. Los espectáculos públicos pueden ser sometidos por la ley a censura previa con el exclusivo objeto de regular el acceso a ellos para la protección moral de la infancia y la adolescencia, sin perjuicio de lo establecido en el inciso 2.

5. Estará prohibida por la ley toda propaganda en favor de la guerra y toda apología del odio nacional, racial o religioso que constituyan incitaciones a la violencia o cualquier otra acción ilegal similar contra cualquier persona o grupo de personas, por ningún motivo, inclusive los de raza, color, religión, idioma u origen nacional.[13]

Declaración de Principios sobre Libertad de Expresión

No es poca cosa que la Constitución venezolana reconozca dos derechos fundamentales en materia de libertad de expresión: "Toda persona tiene el derecho a expresar libremente sus pensamientos, ideas, u opiniones..." (art. 57) y "La comunicación es libre y plural" (art. 58). Asimismo, tiene primordial relevancia que en ella se reconozca la jerarquía constitucional y la prevalencia en el orden interno para los tratados, pactos y convenios en asuntos más favorables para el disfrute pleno de las garantías allí establecidas. En este sentido conviene resaltar la absoluta vigencia y su repercusión en nuestro país de la Declaración de Principios sobre Libertad de Expresión de la Organización de Estados Americanos (OEA).

En octubre de 2000, considerando el apoyo que recibió la creación de la Relatoría Especial para la Libertad de Expresión como instrumento fundamental para la protección de este derecho en la Cumbre de las Américas celebrada en Santiago de

---

13   Convencion Americana sobre Derechos Humanos.

Chile (1998) y los principios de la Declaración de Chapultepec (1994), cristaliza en la Comisión Interamericana de Derechos Humanos la iniciativa de producir una Declaración de Principios sobre Libertad de Expresión como marco jurídico más efectivo en defensa del ejercicio de la libertad de expresión en todo el hemisferio, en concordancia con los principios doctrinarios de la legislación internacional.

Al igual que en la Convención Americana, son 13 los principios establecidos[14]. El primero de ellos define lo medular de la declaración:

> La libertad de expresión, en todas sus formas y manifestaciones, es un derecho fundamental e inalienable, inherente a todas las personas. Es, además, un requisito indispensable para la existencia misma de una sociedad democrática.[15]

Una mirada analítica de la realidad comunicacional venezolana, a la luz de los referidos principios, puede ser útil para apreciar de una manera más objetiva y desapasionada la situación del ejercicio de la libertad de expresión y del derecho a la información en nuestro país.

En ocasión de la entrega del Premio Nacional de Periodistas, el 26 de junio de 2006, el entonces Vicepresidente de la República José Vicente Rangel, en respuesta a las críticas sobre los continuos atentados al ejercicio a la libertad de expresión por parte del Gobierno o de partidarios del Presidente, lanzó el amago de un debate apoyado en la afirmación de que "con Chávez no hay ni habrá periodistas presos en Venezuela"[16].

¡No hay periodistas presos en Venezuela! Como vemos, se re-

---

14   Ver anexo: Declaración de Principios sobre Libertad de Expresión, p. 189

15   Ídem.

16   Por su lado, en el acto de celebración del Día del Periodista, el presidente de la Asamblea Nacional, diputado Nicolás Maduro (MVR), llamó a "liberar a Venezuela de la dictadura y de la basura de los dueños de los medios de comunicación social".

pite la útil y oportuna estratagema para escamotear el fondo del asunto. Pero si nos atenemos a los citados artículos, fundamentales de la Constitución, y a lo consagrado en la Declaración de Principios sobre Libertad de Expresión, podemos glosar un inicial repertorio de atentados, restricciones, limitaciones al ejercicio de la libertad de expresión y de información en Venezuela que desenmascaran la cada vez más gastada coartada del oficialismo:

a) El inconstitucional uso y abuso de los medios radioeléctricos del Estado venezolano por parte del presidente Chávez, en particular, el abuso de las llamadas "cadenas", es decir el copamiento totalitario de todo el sistema radioeléctrico, público y privado. Las cadenas, digámoslo de una vez, constituyen una palmaria violación de la libertad de expresión y del derecho a la información de los venezolanos.

b) El marco legal intimidatorio, la consagración de normas jurídicas que tipifican entre las leyes de desacato, la reforma del Código Penal, artículos de la Ley de Responsabilidad Social en Radio y Televisión, de la Ley Orgánica de Telecomunicaciones y de la Ley de Educación, las sentencias del Tribunal Supremo de Justicia (sentencia 1013, sentencia 1942), la abortada Ley Especial Contra los Delitos Mediáticos, el amago de una ley para controlar internet, que se concreta luego en la reforma a la Ley Resorte.

c) Los retrasos administrativos y burocráticos, la discrecional permisología para el otorgamiento de autorizaciones para la colocación de antenas y ampliación de la cobertura de estaciones de radio y de televisión por la Comisión Nacional de Telecomunicaciones (Conatel), restringen el ejercicio de la libertad de expresión y de información de los venezolanos. El cierre de RCTV y de 34 emisoras de radio, agudiza en su condición extrema la estrechez del cerco.

d) El permanente acoso del Seniat (entidad recaudadora de impuestos) que denuncian directores y propietarios de medios que mantienen una posición editorial crítica al Gobierno tipifica como limitación al ejercicio de la libertad de expresión.

e) La discrecionalidad en la colocación de la pauta de propaganda oficial, tanto de la administración central como descentralizada, regional y local.

f) La negativa o los obstáculos para acceder a las fuentes informativas de entidades del Gobierno.

g) La concentración de medios de comunicación del Estado para uso exclusivo del Gobierno y para el culto a la personalidad del Presidente de la República.

h) Los atentados a las instalaciones físicas y las agresiones directas a los periodistas constituyen una amenaza latente dada la displicencia con la que los organismos policiales y judiciales abordan el asunto.

i) Las modificaciones en el Reglamento de Interior y de Debates de la Asamblea Nacional que limitan la libertad de expresión de los parlamentarios.

j) El desamparo institucional y la manifiesta actitud negativa del Estado venezolano ante las medidas cautelares dictadas por la Comisión Interamericana de Derechos Humanos para la protección de medios y de comunicadores.

Me ahorro reseñar la totalidad del abecedario con estas constataciones. Agresiones físicas, cerco impositivo y publicitario, hostigamiento judicial, limitación en el acceso a las fuentes, atentan contra un libre ejercicio de la libertad de expresión y al derecho a la información de la ciudadanía.

Insistamos. La violación a la libertad de expresión no se reduce a poner preso a un periodista. En Venezuela prevalece hoy un clima de intimidación, de autocensura, de amenazas veladas. Y no tan veladas.

En una oportunidad, disfrazado de militar y apuntando con un fusil Kalashnikov el pequeño bombillo rojo de una cámara grabadora encendida, el jefe del Estado afirmó:

Ustedes creen que es gratuita la campaña de todos los días por algunos canales de televisión, cuyas 24 horas de transmisión están dirigidas a dividir a los venezolanos. Eso viene pagado desde el imperio. (...) Nosotros no podemos ser tan irresponsables de seguir dándole concesiones a un pequeño grupo de personas para que usen el espacio radioeléctrico que es del Estado, es decir del pueblo, contra nosotros mismos, en nuestras propias narices, como quintas columnas. A mí me importa un comino lo que digan los oligarcas del mundo.[17]

Durante estos once años de revolución bolivariana el Estado venezolano ha sido incapaz de garantizar el ordenamiento del espacio público de las comunicaciones para promover y garantizar amplitud y variedad de las coberturas informativas y, en particular, el pluralismo de la opinión pública nacional.

Los venezolanos, por el contrario, hemos estado sometidos a una peculiar dictadura mediática que se expresa en dos vertientes fundamentales: por un lado, la confiscación progresiva de todos los medios radioeléctricos del Estado sometidos al exclusivo beneficio de la parcialidad política en el gobierno; por otro, el cerco incesante a la libertad de expresión.

Como ningún otro en la historia de Venezuela, el gobierno del presidente Chávez se ha caracterizado por una marcada valoración y dominio de lo mediático. Mientras manifiesta una hipersensibilidad a la crítica, ha ido construyendo un contundente entramado radioeléctrico, de canales de televisión abierta, cable, de medios pretendidamente comunitarios, que sirven de manera exclusiva a la "ideología de la revolución bolivariana". En estos medios, concebidos al estilo de las dictaduras totalitarias del llamado "socialismo real", sólo tienen cabida quienes suscriben el ideario excluyente de la revolución. Una tarea inmediata para un futuro gobierno de unidad nacional, de talante

---

17 "Apuntándonos con su fusil Kalashnikov". Óscar Lucien,. *El Nacional*, 30 de junio de 2006.

democrático, es colocar en su agenda política la restitución de los medios del Estado al servicio de la ciudadanía.

Cuando los periódicos y estaciones de radio y televisión están en condiciones de desempeñar sus tareas libremente, pueden ser elementos importantes en la creación de la democracia. Además de fiscalizar a las instituciones locales y alertar al público acerca de asuntos de seguridad, pueden ayudar a los ciudadanos a comprender su gobierno y acceder a él.[18]

Los venezolanos requerimos con urgencia de una acción cultural y comunicativa que potencie la democracia y nos cure de los efectos, de los desatinos de corte autoritario y caudillista de estos últimos años.

---

18   Ellen Hume, ibíd.

2. ASPECTOS JURÍDICOS Y LEGALES

Durante el primer año y medio de gobierno de Hugo Chávez el marco normativo de los medios de comunicación lo conformó una inorgánica suma de decretos y reglamentos de los años precedentes hasta el 12 de junio de 2000, cuando se publica en *Gaceta Oficial* la Ley Orgánica de Telecomunicaciones (LOT)[19]. Muy celebrada en sus inicios por el sector privado por lo que contenía de novedoso respecto de la apertura en telecomunicaciones, esta nueva ley introduce algunos aspectos preocupantes, e incluso claramente anticonstitucionales, con relación a la garantía fundamental a la libertad de expresión y al derecho a la información. La Ley Orgánica de Telecomunicaciones, en efecto, en el capítulo II de sus disposiciones transitorias, artículo 208, establece que:

> Hasta tanto se dicte la *ley que regule el contenido de las transmisiones y comunicaciones cursadas a través de los distintos medios de telecomunicación, el Ejecutivo Nacional, mediante reglamento, podrá seguir estableciendo las regulaciones que considere necesarias.*[20]

En consecuencia la disposición transitoria reserva al Esta-

---

19   Ley Orgánica de Telecomunicaciones, *Gaceta Oficial* No. 36.970, 12 de junio de 2000. En diciembre de 2010 la LOT fue reformada, de espaldas a la ciudadanía, en un contexto calificado de emboscada legislativa. Ver infra cap. 9.

20   Ibíd. (destacado nuestro)

do todas las disposiciones legales, reglamentarias, normativas que regulen las comunicaciones y, en particular, las contenidas en los decretos y resoluciones vigentes para la época referidas a programas de concursos, a la transmisión de publicidad de bebidas alcohólicas, a la obligación de las estaciones de radiodifusión sonora de transmitir en su programación musical diaria al menos cincuenta por ciento de música venezolana, a la prohibición de transmisión de publicidad directa o indirecta de cigarrillos, entre otros tópicos de interés general[21].

Es importante notar que la LOT insiste en el tema de la regulación de los contenidos, como en efecto ocurrirá cuatro años más tarde con la aprobación de la Ley de Responsabilidad Social en Radio y Televisión, conocida como Ley Resorte por el Gobierno, y como ley de contenidos o "ley mordaza" por la oposición.

Sin embargo, dos artículos son dignos de mención por contrariar el espíritu y letra de la Constitución, así como normas, tratados y convenciones internacionales sobre la libertad de expresión. En primer lugar, lo establecido en el artículo 192 que ha servido como "fundamento" del Gobierno para someter a los venezolanos a "cadena presidencial":

> Sin perjuicio de las disposiciones legales en materia de seguridad y defensa, el Presidente de la República podrá, directamente o a través de *la Comisión Nacional de Telecomunicaciones, ordenar a los operadores que presten servicios de televisión por suscripción, a través del canal de información a sus clientes y a las empresas de radiodifusión sonora y televisión abierta la transmisión gratuita de mensajes o alocuciones oficiales, de la Presidencia o Vicepresidencia de la República o de los Ministros.* Mediante reglamento se determinarán las modalidades, limitaciones y demás características de tales emisiones y transmisiones. No estará sujeta a la obligación establecida en este artículo la publicidad de los entes públicos.[22]

---

21 Ver detalles en Anexo cap. 2, p. 64.
22 Ley Orgánica de Telecomunicaciones, *Gaceta Oficial* No. 36.970, 12 de junio de 2000 (destacado nuestro).

Como puede verse, el Presidente está facultado para "ordenar" a los operadores de radio y de televisión la transmisión gratuita de mensajes o alocuciones oficiales *pero en ningún momento se determina que éstas deban ser simultáneas*. No hay lugar siquiera para tal interpretación.

Para colmo de males, la Ley Orgánica de Telecomunicaciones refiere a un reglamento la determinación de "las modalidades, limitaciones y demás características de tales emisiones y transmisiones" cuando los patrones internacionales establecen que la regulación de un derecho tan fundamental como la libertad de expresión no puede ser objeto de un reglamento.

Veremos luego que la Ley Resorte remite a este artículo 192 para justificar la obligatoriedad de la transmisión de mensajes oficiales, y que las "cadenas" propiamente se legitiman mediante la Providencia Administrativa No. 407 de Conatel[23].

Sumamente grave también es el artículo 209 que otorga criterio discrecional al Ejecutivo para suspender, léase bien, *la transmisión de comunicaciones cursadas a través de los distintos medios de telecomunicaciones,* cuando así lo exigiere el orden público o la seguridad nacional.

> Hasta tanto se dicte la ley correspondiente, el *Ejecutivo Nacional podrá, cuando lo juzgue conveniente a los intereses de la Nación, o cuando así lo exigiere el orden público o la seguridad, suspender la transmisión de comunicaciones cursadas a través de los distintos medios de telecomunicaciones,* todo ello de conformidad con la Constitución de la República Bolivariana de Venezuela.[24] (Destacado nuestro)

Esto significa que de igual manera que el Ejecutivo ha venido declarando a su libre antojo áreas de seguridad en todo el territorio nacional[25], limitando el derecho constitucional a

---

23 Conatel, Providencia Administrativa 407, de fecha 8 de marzo de 2004, publicada en la *Gaceta Oficial* del 26 de marzo de 2004. (Ver infra p. 59)

24 Ley Orgánica de Telecomunicaciones, ibíd, p. 80.

25 Las zonas de seguridad someten a un determinado territorio a un régimen

las manifestaciones cívicas, por iguales razones de seguridad podría intervenir no sólo la radio y la televisión, sino las comunicaciones telefónicas, la comunicación vía internet, incluso la mensajería de texto.

Conocido es el amago de una Ley Orgánica de las Telecomunicaciones, la Informática y los Servicios Postales que ante el escándalo nacional fue abortada por el propio Gobierno reconociendo que se trataba de un borrador no oficial de la presidenta de la estatal telefónica y ministra para las Telecomunicaciones e Informática, meses después rectora del Consejo Nacional Electoral.[26] Esta disposición transitoria de la Ley Orgánica de Telecomunicaciones es claramente violatoria del artículo 337 de la Constitución de la República que, ni siquiera cuando autoriza la declaración de "los estados de excepción", permite restringir la libertad de expresión:

> El Presidente o Presidenta de la República, en Consejo de Ministros, podrá decretar los estados de excepción. Se califican expresamente como tales las circunstancias de orden social, económico, político, natural o ecológico, que afecten gravemente la seguridad de la Nación, de las instituciones y de los ciudadanos, a cuyo respecto resultan insuficientes las facultades de las cuales se disponen para hacer frente a tales hechos. *En tal caso, podrán ser restringidas temporalmente las garantías consagradas en esta Constitución, salvo las referidas a los derechos a la vida, prohibición de incomunicación o tortura, el derecho al debido proceso, el derecho a la información* y los demás derechos humanos intangibles.[27] (Destacado nuestro)

---

especial, atendiendo a las exigencias propias de seguridad y defensa.

26 Socorro Hernández anunció su renuncia a la militancia en el partido de gobierno, PSUV, para asumir la responsabilidad de árbitro electoral.

27 Constitución de la República Bolivariana de Venezuela, *Gaceta Oficial* No. 36.860, 30 de diciembre de 1999, p. 125.

Ley de Responsabilidad Social en Radio y Televisión (Ley Resorte)

Legítimas expectativas ciudadanas de contar con una oferta comunicacional de mayor calidad, rigurosamente respetuosa de la pluralidad política del país, enaltecedora de valores de tolerancia, inclusión, y comprometida con una cultura de paz, han sido manipuladas por el régimen del presidente Chávez a la hora de promover una legislación sobre los medios de comunicación. La Ley de Responsabilidad Social en Radio y Televisión (Ley Resorte)[28], cuya versión definitiva se publica en *Gaceta Oficial* en diciembre de 2004, enuncia de manera bastante amplia su objeto:

> ...establecer la responsabilidad social de los prestadores de los servicios de radio y televisión, sus relacionados, los productores nacionales independientes y los usuarios y las usuarias en el proceso de difusión y recepción de mensajes, para fomentar el equilibrio democrático entre sus deberes, derechos e intereses, a los fines de promover la justicia social y de contribuir a la formación de la ciudadanía, la democracia, la paz, los derechos humanos, la educación, la cultura, la salud pública, y el desarrollo social y económico de la Nación, de conformidad con las normas y principios constitucionales, de la legislación para la protección integral de los niños, niñas y adolescentes, la educación, la seguridad social, la libre competencia y la Ley Orgánica de Telecomunicaciones.[29]

La generalidad y heterodoxia de su objeto enmascara la verdadera racionalidad, no democrática, del dispositivo legal, que no es otra que la transferencia al Gobierno del control sobre los medios. Al analizar detenidamente la conceptualización de la estructura de horarios, la tipología de programas y

---

28 Ley Resorte, *Gaceta Oficial* No. 38.081, 7 de diciembre de 2004. En diciembre de 2010 la Asamblea Nacional impuso una reforma a la Ley Resorte que incluye en su lógica criminalizadora a los medios electrónicos.

29 Ídem.

los elementos clasificados (lenguaje, salud, sexo y violencia), se descubre c´0mo se han establecido unos supuestos genéricos de infracciones que promueven la autocensura y, en la práctica, se convierten en una ajustada soga en el cuello para los prestadores de los servicios. Quienes osen salirse de determinados límites se enfrentarán a un oneroso régimen sancionatorio o bien (detalle de interés) a ceder espacios gratuitos al Gobierno.

En el capítulo de "Modalidades de acceso del Estado a espacios gratuitos y obligatorios" de la Ley Resorte el Gobierno pretende un asidero legal para las "cadenas presidenciales":

> El Estado podrá difundir sus mensajes a través de los servicios de radio y televisión. A tales fines, podrá ordenarle a los prestadores de servicio la transmisión gratuita de: 1. Los mensajes previstos en la Ley Orgánica de Telecomunicaciones. La orden de transmisión gratuita y obligatoria de mensajes y alocuciones podrá ser notificada validamente, entre otras formas, mediante la sola difusión del mensaje o alocución a través de los servicios de radio o televisión administrados por el Ejecutivo Nacional.[30]

También deben transmitir de manera gratuita y obligatoria mensajes culturales, educativos, informativos o preventivos de servicio público seleccionados por el Ejecutivo Nacional, los cuales no deben exceder de setenta minutos semanales ni los quince minutos diarios. Asimismo, con el señuelo de la producción independiente la ley busca imponer contenidos ajenos a la política de programación de las plantas televisoras y emisoras radiales (los contenidos "buenos"), que deberán ser difundidos a capricho de Conatel.

Otro aspecto de preocupación es el amplio poder sancionatorio que se delega en el Directorio y en el Consejo de Responsabilidad Social de Conatel. El Directorio, en efecto, puede sesionar con la sola presencia de sus miembros que pertenecen

---

30   Ibídem, p. 26.

al Estado y se encuentran habilitados para decidir por mayoría simple. De igual forma, el citado consejo, constituido bajo el supuesto de una mayor representación de la sociedad, sólo es consultado bajo la discrecionalidad del Directorio que es presidido por el Director General de Conatel, un funcionario subalterno al Presidente de la República.

La primera víctima sensible de la aplicación de la Ley Resorte ha sido la opinión crítica y disidente; es decir, ni más ni menos, se ha mutilado la garantía de una expresión fundamental de la vida democrática. De manera encubierta, en algunos casos, en forma directa en otros, han desaparecido de la radio y de la televisión los más emblemáticos programas de opinión donde se daba cabida a posiciones críticas a la gestión de gobierno. Personajes y programas estelares de la televisión privada fueron drásticamente suprimidos de la programación. Entre otros muchos, menos conocidos quizá, han sido víctimas de la Ley Resorte Marta Colomina, Napoleón Bravo, César Miguel Rondón, Nelsón Bocaranda, Marianella Salazar, José Domingo Blanco, Isa Dobles, periodistas y conductores de programas de opinión que gozaban de altos niveles de audiencia. Las razones de sus ausencias no parecen ser de naturaleza privada o de orden económico, sino de naturaleza política, derivada de condicionamientos directos o indirectos de la Ley Resorte.

Es notorio que los espacios que antes ocupaban estos y otros tantos reconocidos profesionales se rellenan hoy con segmentos de una programación más banal y frívola en muchos casos, de comiquitas, quiromancia y astrología, en desmedro de contenidos informativos y de una opinión calificada que oriente al usuario en la compleja problemática política y social que vivimos los venezolanos. Por supuesto, existen sembradas dudas en la ciudadanía sobre cuánto de los constreñimientos a la radio y la televisión se derivan directamente de lo punitivo de la Ley Resorte, de la previsible autocensura ante el sinuoso instrumento legal, y cuánto obedece a los arreglos y acomodos de conveniencia, en notorios casos, de orden pecuniario.

El saldo más negativo y deplorable lo encontramos del lado de la radio y de la televisión del Estado, confiscadas por el gobierno bolivariano (sic). Muy poco ha aportado la Ley Resorte en la dirección de ofrecer a los venezolanos una mínima expectativa de contar con un servicio público de radiotelevisión no gubernamental, comprometido con altas cotas de calidad. Y calidad quiere decir, en este ámbito, profesionalización y desideologización de los servicios informativos, pluralidad de la oferta de entretenimiento y garantía de la expresión de la diversidad política del país.

Como emblema de la televisión oficial, Venezolana de Televisión (VTV, canal 8) es hoy más que nunca, el canal del partido de gobierno. Como nunca antes, el eslogan de VTV, "el canal de los venezolanos", se ha convertido en una bochornosa burla, vaciado de todo su sentido literal. Descontando la mediocridad de su programación, los medios radioeléctricos en manos del Estado se han convertido en vulgares medios de propaganda, de exclusión y de proselitismo en la causa de la revolución bolivariana y en beneficio del culto a la personalidad del Presidente de la República. Dos de los programas bandera de Venezolana de Televisión, *La hojilla* y *Los papeles de Mandinga*, están dedicados, particularmente, a descalificar a partidos, dirigentes y personalidades de la oposición democrática apelando a los insultos, al empleo de un lenguaje escatológico, a la utilización perversa de medias verdades y de la mentira. En lo que pareciera una grave connivencia con cuerpos policiales o de inteligencia, suelen mostrar documentos impresos y conversaciones telefónicas privadas (prohibido por la Constitución) para desacreditar a los opositores del Gobierno. A pesar de las múltiples denuncias nunca se ha producido un pronunciamiento del Ministerio Público, garante de la confidencialidad de las comunicaciones privadas. Por el contrario, en el caso de *La hojilla* el programa es avalado, de hecho, por la recurrente intervención telefónica del Jefe del Estado y por la aseveración del Ministerio de Comunicación e Información de que esta emisión forma parte de la guerra mediática:

> (El programa *La hojilla*) es una herramienta para la guerra mediática, que sirve para desmontar las falsas matrices de opinión creadas por los medios privados que buscan engañar al pueblo y desestabilizar el proceso revolucionario.[31]

La obligatoriedad del registro de Productor Nacional Independiente (art. 13) se utiliza como un instrumento de control (y coerción). Obligados a renovar el registro cada dos años, los productores nacionales son víctimas de la discrecionalidad oficial que premia o castiga. Destacadas figuras de la radio y televisión que conducen espacios emblemáticos de opinión crítica e irreverente (Francisco "Kiko" Bautista, de *Buenas noches* y Leopoldo Castillo, de *Aló ciudadano*, entre otros) han tenido dificultad para obtener la renovación de sus respectivas certificaciones.

Éticamente descalificado para cualquier iniciativa en comunicación en virtud del deplorable desempeño en la administración de los servicios radioeléctricos del Estado, con la aprobación de la Ley Resorte el régimen de Chávez inició su astuto camino hacia la estatización de los medios en Venezuela[32].

LEY ORGÁNICA PARA LA PROTECCIÓN DEL NIÑO, NIÑA Y ADOLESCENTE (LOPNA)

Sin desconocer la importancia de un dispositivo legal que permita a los niños, niñas y adolescentes la garantía del ejercicio

---

31 Ministro Andrés Izarra, 24 de marzo, de 2008.

32 Desgraciadamente, esta prevención se cumple en diciembre de 2010 cuando la Asamblea Nacional, en lo que la sociedad democrática calificó como de emboscada legislativa, impuso sendas reformas a la Ley Resorte y a la Ley Orgánica de Telecomunicaciones, totalmente contrarias a las aspiraciones democratizadoras de la ciudadanía.

y disfrute pleno de sus derechos a través de la protección del Estado, la sociedad y la familia, es evidente la enorme distancia entre lo escrito y su materialización efectiva. Si nos detenemos en los asuntos relativos a la comunicación claramente expresos en la ley, apreciamos notables carencias. Nada se ha hecho en relación con los programas por una educación creativa para el análisis y la comprensión de los medios de comunicación, en el fomento de la creación, producción y difusión de mensajes dirigidos a niños, niñas y adolescentes, en el diseño desde la amplia plataforma estatal de una programación de calidad con finalidades informativas, educativas, artísticas, culturales y de entretenimiento tal como establece la ley.

La Ley Orgánica para la Protección del Niño, Niña y Adolescente (Lopna) se enarbola con mayor frecuencia en sus aspectos punitivos. Aspectos normativos de esta ley que se han hecho la vista gorda del terrible drama de los niños indigentes, a quienes básica y eufemísticamente se les ha cambiado de denominación, primero como "niños de la patria" y luego niños "en situación de calle", han servido para abrir un procedimiento sancionatorio a Teodoro Petkoff, editor del diario *Tal Cual* y a Laureano Márquez, escritor de una crónica humorística que tenía como tema a Rosinés Chávez, la pequeña hija del Presidente de la República. El artículo titulado "Querida Rosinés", firmado por Laureano Márquez y publicado el 25 de noviembre de 2005 en dicho diario, sirvió de motivo para que el Consejo de Protección del Niño y del Adolescente del Municipio Iribarren, Barquisimeto, estado Lara, abriera un procedimiento administrativo en contra del vespertino *Tal Cual*.

Procesado en el Tribunal de Protección del Menor y Adolescente del estado Lara, en virtud de la demanda de la fiscal décima cuarta del Ministerio Público, el caso terminó en una multa equivalente a veinte salarios para el escritor y una multa similar para el editor del diario, cuyo monto se estimó en unos doscientos millones de bolívares. Asimismo, por decisión de la jueza, Holanda Dam, el artículo de Márquez tuvo que ser retirado de la edición digital del diario *Tal Cual*. Cabe notar, sin embargo, que ha sido el presidente Chávez quien reiteradamente trae a colación aspectos personales en sus alocuciones y, particularmente, la referencia o presencia de sus hijas y nietos.

Lo elevado del monto de la multa, para un diario de la pequeña dimensión de *Tal Cual*, representaba en realidad dictar el cierre indirecto del periódico. Sin embargo, la respuesta de la sociedad democrática no se hizo esperar y a través de una solidaria "vaca" (o "pote" como se dice en otros países) se colectó el dinero para cancelar la multa. Tan solidaria y entusiasta fue la respuesta de la ciudadanía que, saldado el compromiso, resultó un remanente que se destinó a la creación de una cátedra fundacional sobre libertad de expresión en la Universidad Católica Andrés Bello.

Ley de Participación Ciudadana

Con el mismo talante coercitivo y sancionatorio, desde la Asamblea Nacional se aprobó en noviembre de 2001 el primer informe de un proyecto de Ley de Participación Ciudadana que incorpora un preocupante aspecto sobre la libertad de expresión. En efecto, este nuevo instrumento legal establece la creación de un "consejo de vigilancia" de los medios de comunicación social para "controlar el cumplimiento del acceso de todos los ciudadanos a los medios y de la veracidad e imparcialidad de la información"[33].

---

33 "Como en los regímenes totalitarios y comunistas, crean un consejo que tiene facultades para juzgar el contenido difundido a través de los medios, establecer sanciones contra los que —a su juicio— no ejerzan correctamente su libertad de expresión, e incluso para ejercer acciones contra los poderes públicos ante organismos internacionales para defender el libre acceso de los ciudadanos a los medios y la veracidad e imparcialidad de la información. Le otorgan la facultad de ordenar a los medios mayor espacio en sus noticieros, entrevistas y debates a grupos políticos determinados y las multas que se impondrían a quienes no cumplan las reglas oscilan entre 1.000 y 5.000 unidades tributarias" (diputado Danilo Pérez al comentar el Proyecto de Ley de Participación Ciudadana, *El Nacional*, 17 de octubre de 2002).

Aunque finalmente esta ley quedó congelada en la Asamblea Nacional, es pertinente relacionar la propuesta de este "consejo de vigilancia" con los "comités de usuarios" de la Ley Resorte. Hasta mayo de 2007 se habían inscrito unos 1.078 comités de usuarios en Conatel. La actuación más relevante de la mayoría de las organizaciones registradas es de talante proselitista, como partidarios del proyecto político del Jefe del Estado y en general sus iniciativas se concentran en criticar y supervisar ("espiar" es el término que utilizan quienes han estudiado con atención la actuación de estos grupos) a los medios privados. Los comités de usuarios calificados o identificados como opositores (presumiblemente apelando a las oprobiosas lista Tascón y lista Maisanta)[34] encuentran mucha dificultad para sus trámites ante los organismos oficiales. Uno de los casos más conocidos es el del Comité de Usuarios de Los Palos Grandes, que no ha recibido ninguna respuesta, como manda la ley, a sus requerimientos ante las autoridades del canal del Estado venezolano.

Vale hacer notar, por otra parte, que no se haya procesada una sola crítica a la programación de los medios del Estado aun cuando en mayo de 2007 el propio ministro de Información y Comunicación reconoció, en inusual actitud autocrítica, estar consciente de que los canales del Estado violaban consuetudinariamente la Ley Resorte[35].

---

34   Luego de calificar la iniciativa del referendo revocatorio como un acto "contra la patria", Chávez ordenó a las autoridades electorales que le proporcionaran al diputado Luis Tascón una lista con todos los nombres de quienes habían firmado la petición de referendo, que se hizo pública a través de internet. La "lista Tascón", así como una lista aun más detallada de las afiliaciones políticas de todos los venezolanos llamada "programa Maisanta", fueron usadas para discriminar políticamente a opositores al gobierno (Informe Human Rights Watch, septiembre 2008).

35   Programa *En confianza*, VTV, entrevista a William Lara, 15 de mayo de 2007.

Jurisprudencia del Tribunal Supremo de Justicia

Junto al Consejo Nacional Electoral, quizá sea el Tribunal Supremo de Justicia el poder público venezolano más cuestionado. Morosidad en la toma de decisiones, exagerada complacencia de los fallos respecto de los intereses del poder Ejecutivo tienen muy aporreada la institucionalidad de la justicia en Venezuela. Llama la atención cómo en dos importantes fallos relativos a la libertad de expresión: la Sentencia 1.013 y la Sentencia 1.942, el Tribunal Supremo de Justicia ha creado una perniciosa jurisprudencia a partir de la motivación de sus fallos, la cual se elabora paralela a la naturaleza propia de los casos tratados.

Sentencia 1.013[36]

El 9 de octubre de 2000, el periodista y activista de los derechos civiles Elías Santana, actuando en su propio nombre y como Coordinador General de la Asociación Civil Queremos Elegir, ejerció una acción de amparo constitucional, ante la Sala Constitucional del Tribunal Supremo de Justicia, "frente a la negativa de los ciudadanos Presidente de la República Hugo Chávez Frías y Teresa Maniglia, directora del Instituto Autónomo Radio Nacional de Venezuela, de permitirnos el ejercicio del derecho a réplica respecto de los planteamientos hechos por el conductor del programa radial *Aló Presidente* en sus emisiones del domingo 27 de agosto y del 3 de septiembre de 2000"[37].

De acuerdo con los planteamientos de Elías Santana, tanto el ciudadano Presidente de la República como la directora de la Radio Nacional habían violado su derecho a réplica en relación con las alusiones del primer mandatario consideradas inexactas y agraviantes tanto en lo personal como hacia la organización que él coordina. Valga recordar que los demandados acordaron

---

36   Dictada por la Sala Constitucional del Tribunal Supremo de Justicia el 12 de junio de 2001.

37   Documento de la solicitud de amparo.

otorgar ese derecho pero en unas condiciones que el coordinador de Queremos Elegir no consideró adecuadas.

Con la celeridad para atender casos que involucran al Ejecutivo (se supone que los amparos deben ser resueltos en plazos perentorios), siete meses después (el 12 de junio de 2001) la Sala Constitucional produce una sentencia que no sólo niega el amparo sino que aborda otros aspectos que determinan una jurisprudencia considerada contraria a la libertad de expresión, al derecho a la información y que establece, de hecho, la censura previa, al consagrar una doctrina vinculante para la interpretación de los artículos 57 y 58 de la Constitución de la República.

Si bien es cierto que muchos especialistas han considerado que, globalmente vista, la decisión de negar el amparo fue adecuada, puesto que las intervenciones del Presidente eran opiniones (y no propiamente informaciones inexactas o agraviantes), también se produjo un fuerte rechazo a la que se consideró una extralimitación del Tribunal Supremo de Justicia. El TSJ, aprovechándose del recurso de amparo, falló sobre una delicada materia que coloca a nuestro país de espaldas a los estándares de protección a la libertad de expresión que promueve la Comisión Interamericana de Derechos Humanos. Al mismo tiempo, la sentencia restringe el derecho constitucional a la libertad de expresión e invade competencias de la Asamblea Nacional.

De manera absurda y arbitraria la decisión de la Sala Constitucional excluye del derecho a réplica a los periodistas, editores y propietarios de medios de comunicación al razonar:

...que el derecho a la réplica y a la rectificación no lo tienen ni los medios, ni quienes habitualmente ejercen en ellos el periodismo, ni quienes mantienen en ellos columnas o programas, ni quienes mediante "remitidos" suscitan una reacción en contra. Se trata de un derecho concedido a quienes se ven afectados por la información de los medios, y que carecen de canales públicos para contestar o dar su versión de la noticia.[38]

Por otro lado, la sentencia considera como un atentado a la libertad de información que un medio tenga un número mayoritario de columnistas de una sola tendencia ideológica:

> También es un atentado a la información veraz e imparcial tener un número mayoritario de columnistas de una sola tendencia ideológica, a menos que el medio en sus editoriales o por sus voceros, mantenga y se identifique con una línea de opinión congruente con la de los columnistas y colaboradores.[39]

Es evidente, pues, que la Sala Constitucional desborda sus competencias jurisdiccionales al establecer criterios sobre la manera de ejercer la libertad de expresión. De acuerdo con la Constitución ésta sólo podrá estar limitada por las responsabilidades ulteriores.

Sentencia 1.942[40]

El 6 de marzo de 2001, el abogado Rafael Chavero interpuso ante la Sala Constitucional del Tribunal Supremo de Justicia una acción de nulidad por inconstitucionalidad en contra de dieciséis artículos del Código Penal (141, 148, 149, 150, 151, 152, 223, 224, 225, 226, 227, 444, 445, 446, 447 y 450) que en su opinión consagran normas "que tienden a penalizar con privación de libertad las expresiones ofensivas dirigidas contra los funcionarios públicos e instituciones del Estado, las cuales suelen calificarse por la doctrina como *leyes de desacato*"[41].

Estas normas, en la apreciación de Chavero, son contrarias a la Constitución de la República, así como a pactos, convenios y

---

38 TSJ, Sentencia 1.013, 12 de junio de 2001, Caso Elías Santana.

39 Ibíd.

40 Dictada por la Sala Constitucional del Tribunal Supremo de Justicia el 15 de julio de 2003 .

41 Ver anexo.

tratados internacionales debidamente ratificados por Venezuela, "...de allí que sea necesaria su revisión y consecuente anulación, toda vez que ellas pueden comprometer la responsabilidad internacional del Estado, además de que causan efectos perversos en el libre intercambio de ideas y entorpecen la consolidación de un sistema democrático y participativo de gobierno"[42].

Resulta evidente que la vigencia de estas normas provoca un efecto disuasivo que inhibe el debate político y el necesario escrutinio de la actuación de los funcionarios públicos, lo cual es considerado el fundamento esencial del derecho a la libertad de expresión.[43]

De igual manera, las normas impugnadas, de acuerdo con el alegato del abogado Chavero, han sido declaradas contrarias a lo consagrado en el artículo 13 de la Convención Americana sobre Derechos Humanos en relación con principios fundamentales del Estado de derecho: la libertad de expresión y el régimen democrático de gobierno.

...no sólo porque imponen penas privativas de libertad –lo cual hoy en día se considera incompatible con la libertad de expresión– sino principalmente porque están dirigidas a coartar el debate político y los asuntos del interés público, la crítica a los funcionarios públicos y el compromiso democrático de que el debate de estos asuntos sea ilimitado, robusto y abierto, lo que incluye también vehemente, casuísticos y hasta implacenteros ataques contra el Gobierno y sus empleados oficiales.[44]

En conclusión, las leyes de desacato, al blindar excesivamente a los funcionarios públicos contra expresiones consideradas difamantes, consagran un régimen que sobreprotege al

---

42   Ver Rafael Chavero, TSJ, "Demanda por inconstitucionalidad", 6 de marzo de 2001.
43   Informe de sentencia del TSJ.
44   Ibíd.

aparato del Estado de la crítica ciudadana. Recordemos que la CIDH ha establecido "que la obligación del Estado de proteger los derechos de los demás frente a los ataques intencionales al honor y la reputación, queda suficientemente garantizada (únicamente) mediante acciones civiles por daños y perjuicios y mediante el ejercicio efectivo del derecho de rectificación o respuesta"[45].

Por otra parte, la demanda de nulidad de los mencionados artículos subraya que las referidas leyes de desacato también contravienen los artículos 57 y 58 de la Constitución.

Contrariamente a los alegatos presentados por Rafael Chavero, la Sala Constitucional considera que el artículo 58 constitucional se refiere a la comunicación de la expresión e información "sin censura, de acuerdo a los principios de esta Constitución", en consecuencia "interpreta que en materia comunicacional, y por aplicación de otros principios constitucionales, la ley puede impedir la difusión de informaciones que dejen sin contenidos otras normas constitucionales o los principios que rigen la Carta Fundamental".

En otras palabras, a juicio de la Sala Constitucional el impedimento legal puede llevarse a cabo antes de que los medios de comunicación hagan pública una información o contenido para evitar que el efecto nocivo que establece la norma constitucional y, en consecuencia, trata de evitar, ocurra irremediablemente.

De igual manera que, al referirse al artículo 57 constitucional (cf. supra, p. 25), los magistrados consideran que una vez consagrado el principio del derecho a la libre expresión del pensamiento y de las ideas, sin que pueda establecerse censura previa, "...la norma establece que no se permitirá ni el anonimato, ni la propaganda de guerra, ni los mensajes discriminatorios, ni los que promuevan la intolerancia religiosa. Para que no se

---

45   Carlos Ayala Corao, TSJ, 1.942.

permitan tales expresiones, la ley puede crear censura previa a su difusión o comunicación".[46]

La Sala Constitucional del Tribunal Supremo de Justicia (TSJ) validó con la sentencia 1.942 la censura previa y las normas de desacato que están previstas en el Código Penal y que castigan con prisión la libre crítica a funcionarios públicos y organismos oficiales. El pronunciamiento fue aprobado por los cinco magistrados, de manera unánime. Destaca la ponencia redactada por el magistrado Jesús Eduardo Cabrera, que ni siquiera los tratados permiten el anonimato, la propaganda de guerra, los mensajes discriminatorios o los que promuevan la intolerancia religiosa, y con este argumento justifica que "para que no se permitan tales expresiones, la ley puede crear censura previa a su difusión o comunicación". Esto se indica a pesar de que el artículo 13.2 de la Convención Americana de la OEA, de obligatorio cumplimiento por parte de Venezuela, estipula que el ejercicio del derecho de expresión "no puede estar sujeto a previa censura sino a responsabilidades ulteriores".[47]

El Gobierno, como era de esperarse, se mostró complacido por el fallo y dejó constancia de su beneplácito en un comunicado emanado del Ministerio de Comunicación e Información al señalar que "la libertad de expresión no representa libertad para injuriar".

En opinión del especialista en Derechos Humanos Carlos Ayala Corao, esta sentencia pone de espaldas al país respecto de los estándares internacionales sobre la progresividad de las leyes y las recomendaciones de la CIDH:

Esta sentencia contiene una serie de razonamientos y decisiones que no sólo configuran un abierto desacato a la doctrina de la Comisión Interamericana de Derechos Humanas (CIDH) y de la ju-

---

46   Informe del TSJ.
47   *El Universal*, 16 de julio de 2003.

risprudencia de la Corte Interamericana de Derechos Humanos
(Corte IDH), sino además un desconocimiento abierto al tratado
internacional sobre la materia... Se trata así de una de las sentencias más adversas a las libertades democráticas y a la protección
internacional de los derechos humanos que ha dictado la SC desde
su creación, la cual ratificó y profundizó la lamentable doctrina
"vinculante" que había establecido la SC en su anterior sentencia
No. 1.013 apenas dos años antes.[48]

La Relatoría Especial para la Libertad de Expresión de la
CIDH lamentó que el máximo tribunal venezolano haya mantenido vigente las leyes de desacato, cuando varios países de la
región ya las han derogado o están en proceso de hacerlo, su-
brayando que los funcionarios públicos están sujetos a un mayor
escrutinio de la sociedad. En el mismo sentido se manifestó la
organización no gubernamental Human Rights Watch, al rechazar la decisión y calificarla como un serio retroceso para la
libertad de expresión en Venezuela.

En el contexto del disgusto internacional por la medida del
tribunal venezolano terció el reconocido especialista y decano
de la Facultad de Derecho del Washington College of Law,
Claudio Grossman, quien sugirió al Estado venezolano solicitar a la Corte Interamericana de Derechos Humanos (CIDH)
una opinión consultiva sobre la sentencia 1.942 del Tribunal
Supremo que valida la censura previa y desconoce los pronunciamientos de la Comisión Interamericana de Derechos Humanos.

Reforma del Código Penal

Con los peligrosos precedentes que instauran los fallos de
las sentencias 1.013 y 1.942 del Tribunal Supremo de Justicia, el
Gobierno Nacional, en alguna manera fortalecido por los resultados de la consulta sobre el revocatorio presidencial de 2004,

---

48   Carlos Ayala Corao, TSJ, 1.942.

que dejó al Presidente en su cargo, acomete una reforma parcial del Código Penal centrada en artículos relativos a la libertad de expresión. En consecuencia, entre los aspectos más preocupantes que limitan o cercan la libertad de expresión mediante las trabas al acceso a la información, las demandas judiciales, la violencia y las amenazas, también podemos considerar dicha reforma al Código Penal, promulgada el 16 de marzo de 2005, que valida los llamados delitos de desacato o vilipendio y endurece significativamente las sanciones para lo que podríamos calificar como "delitos de expresión".

El Bloque de Prensa Venezolano (BPV), en un contundente comunicado del 20 de enero de 2005, previo a la sanción parlamentaria, rechazó el contenido de los artículos de la Reforma Parcial del Código Penal que determinan penas que atentan claramente contra la libre expresión del pensamiento y la opinión, y acordó denunciar el caso ante la Organización de Estados Americanos y otras instancias internacionales.

¿Cuáles son esas modificaciones al Código Penal que establecen nuevos delitos que pueden configurar atentados a la libertad de expresión? Son varios los artículos que pueden considerarse como preocupantes o inconvenientes, pero lo más grave de esta reforma al Código Penal es la criminalización de la opinión o manifestación de desaprobación, hecha en público o en privado, contra funcionarios públicos. Es decir, cualquier reclamo que pueda ser considerado una ofensa a un funcionario público será castigado con penas privativas de libertad. El nuevo Código Penal eleva las sanciones para los delitos de prensa, y muy en especial los delitos de injuria, calumnia y difamación de una personalidad pública en el ejercicio de sus funciones.

Son cinco los artículos que han sido modificados. La nueva versión del artículo 148 "establece una pena de 6 a 30 meses de cárcel para las ofensas al Presidente de la República. La sanción se incrementará en un tercio más cuando la ofensa sea pública". Según el artículo 149, si va dirigida contra otro representante del Estado, la sanción será de la mitad, o dos tercios de la prevista en el artículo 148, de acuerdo con el rango de la persona ofendida: Vicepresidente, magistrados del Tribunal Supremo de Justicia, miembros de los poderes públicos, ministros, diputados o Alto Mando Militar.

Vale la pena destacar las consideraciones a este respecto de la Comisión Interamericana de Derechos Humanos, según las cuales las leyes de desacato o vilipendio son incompatibles con la Convención Americana sobre Derechos Humanos; de igual manera, su insistencia, desde 1994, en recomendar a los Estados miembros de la Organización de Estados Americanos para que adecuen sus legislaciones a las obligaciones y estándares internacionales sobre derechos humanos.

Por otra parte, de acuerdo con "el nuevo artículo 297A, la difusión de informaciones falsas a través de prensa escrita, teléfono o e-mail, con intención de 'sembrar el pánico', se castigará con una pena que va de dos a cinco años de cárcel". Una verdadera espada de Damocles, la discrecionalidad de una autoridad pública o de un juez para determinar cuándo un ciudadano con sus comunicaciones intentó "crear pánico".

La criminalización de la manifestación pública de protesta se consagra en el artículo 357 al imponer una pena de prisión de cuatro a ocho años a la obstaculización de la vía pública.

El artículo 444, referido al delito de difamación, establece que toda persona que haga manifestaciones que puedan "exponer a otra persona al desprecio o el odio público" será castigada con una pena de uno a tres años de cárcel y una multa. El Código Penal, previo a esta reforma, sancionaba una pena máxima de 18 meses de cárcel. Ahora bien, este artículo que hace expresa referencia a las publicaciones en la prensa, establece que si el delito se comete públicamente, la condena podrá llegar hasta cuatro años de cárcel, además de duplicar la sanción económica.

Por último, el artículo referido a la protección del honor incrementa considerablemente las penas del viejo código: en el caso de la injuria, que era castigada con un máximo de ocho días de cárcel, ahora podrá tener una pena comprendida entre seis meses y un año de cárcel, pero si el delito se comete a través de la prensa la sanción se eleva de uno a dos años de cárcel.

Muchas voces, a nivel nacional e internacional, han alertado sobre lo inconveniente y delicado de dicha reforma. El muy completo informe de la asociación Reporteros sin Fronteras es muy claro al respecto:

> Esta reforma supone una auténtica regresión en la materia. En lugar de ir hacia la despenalización preconizada por la Organización de las Naciones Unidas, agrava las penas de cárcel previstas para determinados delitos de prensa. De esta forma, las autoridades venezolanas van a contracorriente de la actual liberalización. Por otra parte, las fuertes sanciones establecidas para algunos delitos mal definidos, tales como "la ofensa" o "la protección del honor", van a animar a los periodistas a autocensurarse en sus críticas a las autoridades, por temor a incurrir en graves castigos.[49]

Luego de la sanción de esta reforma es notable el incremento de las querellas contra comunicadores por los delitos de difamación e injuria.

Las primeras semanas de abril de 2007, en el contexto de la discusión por el anunciado cierre de RCTV y los obstáculos para el ejercicio de la libertad de expresión en Venezuela, el reconocido abogado penalista Alberto Arteaga manifestó que visto el infierno en que están convertidas las cárceles venezolanas, lamentables centros de degradación humana, las amenazas de prisión por delitos de expresión se han convertido en amenazas a la vida.

---

49   Informe de Reporteros sin Fronteras sobre la aprobación de la Reforma del Código Penal.

Anteproyecto de Ley Especial contra los Delitos Mediáticos [50]

Durante la presentación en la Asamblea Nacional de un "personal" anteproyecto de Ley Especial contra los Delitos Mediáticos, la Fiscal General Luisa Ortega Díaz afirmó que el Gobierno debía hacer frente "a las nuevas formas de criminalidad surgidas como consecuencia del ejercicio abusivo de la libertad de información y opinión". Para los anales de la vergüenza y degradación de la defensa y protección de los derechos humanos queda registrado cuando la Fiscal General desde el podio central del hemiciclo caraqueño proclamó: "Es necesario que el Estado venezolano regule la libertad de expresión. Pido que se ponga un límite a este derecho":

> (...) los medios de comunicación no pueden ser utilizados para cometer hechos punibles, ni tampoco para coadyuvar en su comisión. No pueden generar intranquilidad ni alteración a la paz social y al orden público; ni generar clima de inseguridad; por lo contrario, los medios deben cumplir una función educativa como lo establece la Constitución.[51]

A partir de tal declaración de principios, que en un contexto democrático podría referir a una legítima discusión sobre el papel de los medios en función de garantizar equilibrio informativo y la expresión de la pluralidad de la opinión política del país, incluso en relación con mejoras sustanciales en la calidad de la programación de radio y televisión, el anteproyecto de Ortega Díaz tiene como objeto sancionar acciones u omisiones de los medios de comunicación que puedan ser constitutivas de delitos:

---

50 Fiscal General Luisa Ortega Díaz, Anteproyecto de Ley Especial contra los Delitos Mediáticos, Asamblea Nacional, 30 de julio de 2009.

51 Intervención de la Fiscal General Luisa Ortega Díaz en la Asamblea Nacional, 30 de julio de 2009.

Esta Ley tiene por objeto prevenir y sancionar las acciones u omisiones desplegadas a través de los medios de comunicación que puedan ser constitutivas de delitos; ello con el propósito de lograr el equilibrio y la armonía entre los derechos a la libertad de expresión y a la información oportuna, veraz e imparcial, y el derecho a la seguridad interna de los ciudadanos, de conformidad con las disposiciones contenidas en la Constitución de la República Bolivariana de Venezuela, las leyes y en los tratados, convenios y acuerdos suscritos y ratificados por la República.[52]

Luego de las consideraciones generales sobre lo que se entiende por "medio de comunicación", de la definición de los sujetos activos, que incluye hasta un conferencista o artista que se exprese por un medio de comunicación, se define propiamente como delito mediático las acciones u omisiones que lesionen "la información imparcial, veraz y oportuna" y que generen sensación de inseguridad.

Es importante dejar claro el criterio generalizado entre autores y expertos en derechos de la comunicación del sistema interamericano en cuanto a que la llamada doctrina de la información "veraz" representa un retroceso para la libertad de expresión al limitar, libre flujo de información a una calificación previa.

El anteproyecto de Ley Especial contra los Delitos Mediáticos establecía penas de hasta seis años a los autores de delitos mediáticos (sic), a pesar que la Ley Resorte ya establece severas sanciones, que incluyen el cierre del medio, a quienes infrinjan lo pautado en sus bien amplias definiciones de infracciones o faltas.

El controvertido anteproyecto fue pospuesto en razón del rechazo mayoritario de la ciudadanía, sin embargo, todo indica que no ha sido desechado. Sobre todo porque el "autor intelectual" del mismo, quien instruyó a la fiscal Ortega, no ha renun-

---

52   Ibídem.

ciado a su pretensión de mantener silenciados a los medios y a los venezolanos.

Ley "Antitalanquera": el colofón

En Venezuela se llama "talanquera" a la cerca o valla que impide el paso del ganado. En consecuencia este ha sido el tenor del espíritu de la reforma a la Ley de Partidos Políticos, Reuniones Públicas y Manifestaciones: la denominación de "antitalanquera", que los diputados oficialistas han dado a la improvisada reforma, aprobada subrepticiamente en el diciembre negro legislativo de 2010, no es sino el dramático consentimiento del comportamiento de una Asamblea Nacional que delega consecuentemente sus atribuciones legislativas en el Presidente de la República.

La ley antitalanquera considera delito o "conducta fraudulenta" el disentir de los diputados con respecto a una propuesta del partido al que pertenezcan. Además, contempla la inhabilitación política de la disidencia por intermedio de la Contraloría General de la República, sobreponiéndose al mandato y el poder revocatorio del pueblo que los eligió.

El marco legal y las acciones del Estado que configuran lo que llamamos cerco a la libertad de expresión tienen pues un brillante colofón con la aprobación de esta ley que atenta no sólo contra la libertad de expresión de los parlamentarios, sino contra la humana libertad de pensamiento, consagrada en el artículo 57 de la Constitución y el artículo 201, referido a los asambleístas: "Los diputados y diputadas son representantes del pueblo y de los Estados en su conjunto, *no sujetos a mandatos ni instrucciones, sino sólo a su conciencia. Su voto en la Asamblea es personal*" (destacado nuestro).

La dama ciega de la justicia y los medios

"Para muestra basta un botón" dice el dicho popular. En enero de 2006, en ocasión de la instalación del año judicial en el Tribunal Supremo de Justicia, el magistrado coronel Eladio

Aponte sintetizó en su Discurso de Orden la percepción que parece prevalecer en el seno del Poder Judicial respecto de la libre e independiente actividad de los medios de comunicación en una sociedad democrática:

Otros factores que inciden en la administración de justicia son los agentes comunicacionales que en ocasiones alteran la realidad con intereses oscuros y buscan influir el ánimo del juez; es el terrorismo mediático, ejercido por algunos medios de comunicación para manipular a la población mediante un constante discurso y publicidad basado en la confusión, en la mentira y con el deliberado propósito de cambiar la verdadera justicia.[53]

Un año antes, el 27 de enero de 2005, el magistrado Carlos Oberto Vélez, presidente de la Sala Civil, igualmente en su discurso de orden en la apertura del año judicial, cuya cobertura sólo se permitió al canal del Estado, se había pronunciado en un tono bastante crítico con relación a los medios de comunicación, "a la prédica malsana" y al "plan mediático contra la institucionalidad del país". Bajo estos preceptos se refirió a la crisis política de 2002:

...bajo esta prédica desenfrenada y hostil, los medios de comunicación agitaron el ambiente que condujeron (sic) a las movilizaciones de masa que pusieron el elemento contingente, el cual concluye episódicamente en la detención del Presidente y la designación de un gobierno unipersonal (...) y a disolver los poderes públicos...[54]

Efectivamente, a partir de los eventos políticos de abril de 2002, agudizada la polarización política de la sociedad venezolana, la justicia se afloja la venda de los ojos y mira para un

---

53 Magistrado coronel Eladio Aponte, discurso de orden en la instalación del año judicial en el Tribunal Supremo de Justicia, diario *Tal Cual*, 27 de enero de 2006.

54 *El Nacional*, 28 de enero de 2005.

solo lado. Empiezan a producirse decisiones, amparos y acciones judiciales directas contra medios y periodistas que dejn muy mal parado el estado de la justicia en nuestro país. La forma sistemática como se van sucediendo ilustra claramente el cerco que intentamos analizar. Comienzan a presentarse al Tribunal Supremo de Justicia acciones contra los medios que sin lugar a dudas van a tener efectos inhibitorios y promotores de autocensura que restringen la libertad de expresión. Los recursos ante la sala Constitucional del Tribunal Supremo de Justicia van dirigidos contra RCTV, Televen, Venevisión y Globovisión, y quienes están al frente de estas empresas. Se cuestionan programas como *El Observador*, *El Informador*, *En privado*, *24 horas*, *El Noticiero*, *La entrevista*, *30 minutos*, *Titulares de mañana*, *En vivo*, *Grado 33* y *Noticias Globovisión*.

En los días de actuación de la Coordinadora Democrática[55], Jesús Enrique Caldera, juez de Protección del Niño y del Adolescente, interpuso un recurso de amparo ante la Sala Constitucional del Tribunal Supremo de Justicia (TSJ), para solicitar "que se ordene a los canales de televisión, públicos y privados, que se restablezcan los horarios infantiles y que prohíba la transmisión de las propagandas de la Coordinadora Democrática que contengan mensajes no adecuados para los niños. También pide que se prohíban las transmisiones de mensajes, a través de los medios audiovisuales o impresos, en los que se llame a la ciudadanía a no cancelar los impuestos"[56].

ACCIONES ADMINISTRATIVAS Y PROVIDENCIAS DE CONATEL

La Ley Orgánica de Telecomunicaciones, promulgada el 12 de junio de 2000, al desarrollar el precepto constitucional

---

55 Plataforma política de la oposición democrática, partidos y sociedad civil durante los convulsivos años 2002-2004.

56 *El Universal*, 9 de enero de 2003

que permite la regulación del sector de las telecomunicaciones, ha otorgado tales competencias a la Comisión Nacional de Telecomunicaciones (Conatel). La comisión fue creada el 5 de septiembre de 1991 (*Gaceta Oficial* N° 34.801, 18 de septiembre de 1991) inicialmente con el carácter de servicio autónomo sin personalidad jurídica, y la jerarquía de una Dirección General del Ministerio de Transporte y Comunicaciones.

A partir de la Ley Orgánica de Telecomunicaciones de 2000, Conatel pasó a ser un instituto autónomo, dotado de personalidad jurídica y patrimonio propio e independiente del Fisco Nacional y adscrito al Ministerio del Poder Popular para la Vivienda y Hábitat, luego de una estancia en el eliminado Ministerio de Telecomunicaciones y la Informática, y tiene entre sus competencias la regulación, planificación, promoción, desarrollo y protección de las telecomunicaciones en todo el territorio nacional.

Esta dependencia, en su origen esencialmente técnica, ha venido ejerciendo un rol político con resultados preocupantes para el ejercicio de la libertad de expresión en el país. Además de la Ley Orgánica en Telecomunicaciones y la Ley de Responsabilidad Social en Radio y Televisión, y en ausencia de los reglamentos respectivos previstos en estas leyes, Conatel basa su actuación normativa y sancionatoria en acciones administrativas y en las llamadas "providencias", que dejan mucho margen a la discrecionalidad de los funcionarios de turno.

Quizá sea la Providencia Administrativa 407, que da soporte legal (sic) a las cadenas presidenciales (cf. infra, pag. 151), la resolución más delicada y contraria a la libertad de expresión que haya tomado Conatel. Sin embargo, los medios de comunicación están sujetos en su acción diaria a una supervisón de marcado sesgo político y en perfecta sintonía con las opiniones, puntos de vista e incluso órdenes directas del teniente coronel Chávez.

Un caso emblemático que ilustra la actuación de este organismo fue la reacción del Gobierno Nacional ante una noticia transmitida por el canal de noticias Globovisión, el 29 de septiembre de 2001, sobre el presunto asesinato de unos taxistas en la ciudad de Caracas, tema de alta sensibilidad para el Gobierno por la percepción generalizada de la impunidad con que actúa la delincuencia bajo el gobierno de Hugo Chávez.

Globovisión, en efecto, transmitió en vivo un testimonio según el cual se había producido el asesinato de nueve taxistas, lo que poco más tarde se comprueba ser una noticia inexacta; en realidad fue un solo taxista el asesinado. Sin embargo, a pesar de que el canal oportunamente corrige la información, incluso antes de que el propio Gobierno dé la información correcta, el mismo Presidente de la República, en medio de un acto proselitista, ordena a Conatel abrir una investigación que fue denunciada por Alberto Federico Ravell, director del canal de noticias:

> El cuatro de octubre pasado, en su alocución en el acto de juramentación de la nueva junta directiva de su partido el Movimiento Quinta República, el Presidente nos amenazó con abrirnos un procedimiento administrativo por la forma en que Globovisión cubrió la noticia de las manifestaciones de los taxistas el día sábado 29 de septiembre. El Presidente cumplió, y nos abrieron el mencionado procedimiento.[57]

El tono desmesurado de la reacción del Presidente, quien advirtió que la administración del espectro electromagnético es un asunto del Estado –"No les extrañe que, por razones de interés nacional, revise esas concesiones", refiriéndose a la potestad del Ejecutivo de otorgar licencias para operar medios de comunicación–, provocó la reacción de distintos sectores sociales, entre otros del Bloque de Prensa Venezolano e, incluso, llegó a causar alarma en organismos internacionales:

---

57 Declaración de Alberto Federico Ravell, diario *El Universal*, 29 de octubre de 2001.

La Relatoría para la Libertad de Expresión observa con preocupación la apertura de un procedimiento administrativo iniciado por la Comisión Nacional de Telecomunicaciones venezolana (Conatel) contra la cadena de televisión Globovisión. Dicho proceso se basa en legislación contraria al libre ejercicio de la libertad de expresión. (...) La doctrina de la información "veraz" representa un retroceso para la libertad de expresión en el hemisferio ya que el libre flujo de información se vería limitado a una calificación previa, lo cual está en contraposición con la concepción amplia otorgada a este derecho dentro del sistema interamericano.[58]

Por su parte, Conatel hizo público un pronunciamiento para aclarar que entre las funciones del organismo está la de "velar por el fiel cumplimiento de la regulación existente sobre el contenido de las transmisiones y comunicaciones cursadas a través de los distintos medios de telecomunicaciones" y en consecuencia el procedimiento administrativo contra Globovisión no podía ser calificado de atentado a la libertad de expresión:

...el procedimiento administrativo seguido a Globovisión no implica de ninguna manera un atentado contra la libertad de expresión o ningún otro derecho fundamental de la población, por el contrario, constituye el derecho de una potestad pública dirigida a asegurar los intereses de la audiencia, así como asegurar la asunción de la responsabilidad y de los deberes impuestos al ejercicio de la libertad de expresión como lo estipula la Constitución y la Convención Americana de los Derechos Humanos.[59]

Antes de finalizar 2002, año de alta tensión entre los medios de comunicación privados y el Estado, Meridiano TV, canal de deportes, perteneciente al grupo Bloque de Armas, recibe una multa de Conatel, de 370 millones de bolívares, por pre-

---

58 Organización de Estados Americanos, comunicado de prensa Pren/45/01. 2001.
59 Comunicado de Conatel, s/f.

sunta transmisión ilegal de su señal en el Oriente de Venezuela. Los propietarios atribuyen la sanción a retaliación política por la línea editorial de los diarios *2001* y *Abril,* pertenecientes al Bloque de Armas[60].

Sin duda a partir de abril de 2002, y como consecuencia de la tensa polarización política que vive el país, el rol político de Conatel es determinante en el tratamiento gubernamental hacia los medios de comunicación: absoluta discrecionalidad en la aprobación de habilitadurías, control de las reservas de frecuencias, determinación de sanciones con sesgo discriminatorio. Está fuera de nuestro interés y alcance inventariar todas las acciones administrativas de Conatel contra los prestadores de servicios que puedan ser consideradas como presión o intimidación política.

Vale la pena citar que en 2009 y los primeros meses de 2010 Conatel ha abierto seis procedimientos sancionatorios contra Globovisión, todos pendientes de fallo por parte del organismo. Las sanciones posibles contemplan la suspensión de transmisiones o la revocatoria de la concesión.

Quien tenga mayor interés sobre este asunto puede consultar el muy exhaustivo informe del periodista y ex parlamentario Alberto Jordán Hernández, así como los informes de Espacio Público, para apreciar y valorar la actuación sistemática del organismo oficial.

Pero sin duda alguna, el más grave atentado contra la libertad de expresión y contra el pluralismo de la sociedad venezolana ocurre el 27 de mayo de 2007 con el cierre de RCTV (cf. infra, p. 103).

HABILITADURÍAS ADMINISTRATIVAS DE CONATEL

La habilitaduría administrativa es el mecanismo formal mediante el cual Conatel autoriza a los prestadores de servicios el inicio de sus operaciones. Siguiendo lo que parece ser

---

60   *El Nacional,* 7 de noviembre de 2002.

una tradición de los gobiernos venezolanos esta facultad se ha manejado con fuerte sesgo discrecional, privando en forma determinante la posición u orientación política del solicitante. Hacia finales de 2002, Andrés de Armas, presidente del grupo editorial Bloque de Armas, denuncia que tiene paralizada una inversión de tres millones de dólares porque el Gobierno niega la autorización de uso de frecuencia a Meridiano TV por retaliación política.

Si bien es cierto que el gobierno del teniente coronel Chávez ha sido muy activo y diligente en la habilitación administrativa de un cuantioso volumen de radios y televisoras comunitarias, la mayoría de ellas han sido constreñidsa a adoptar el discurso único del jefe del Estado, como lo demuestra, en muchos casos, su incorporación a la red que transmite el magazine presidencial de los domingos, *Aló Presidente*. El rol político del ente puede apreciarse también en una nota recogida por el diario *Últimas Noticias* en octubre de 2004 que da cuenta de la presunta intervención oficial en la controversia interna de los simpatizantes del Gobierno:

> Conatel cerró estaciones de radio en Maracaibo por transmitir "sin la correspondiente habilitación administrativa ni concesión". La medida recayó sobre las emisoras Sol 92.9 FM, Pueblo 107.7 FM (...) dirigidas por gente afecta al chavismo, por lo que se dijo que se trata de "un pase de factura" por enfrentamientos políticos.[61]

De igual manera el sacerdote José Palmar, autorreconocido como afecto al oficialismo, denunció la acción en su contra por parte de Conatel:

> El párroco José Palmar, líder de Red del Pueblo y director de ambas emisoras comunitarias, aseguró que existen razones políticas detrás de la medida. "Qué está pasando en Conatel que ahora es-

---

61 *Últimas Noticias*, 14 de abril de 2004.

tán realizando este tipo de acciones humillantes". Independientemente de la ideología que tenga uno u otro medio de comunicación, estas cosas no deben suceder. Estamos convencidos de que el daño que se nos hizo se realizó a espaldas del presidente Chávez". Se preguntó el párroco que si comienzan a cerrar medios "aliados con la revolución y el presidente Chávez", cuánto más podrá pasar con la libertad de expresión en el país.[62]

El otro mecanismo que utiliza Conatel es la imposición de cuantiosas multas por las presuntas violaciones cuya procedencia siempre cuestionan los prestatarios del servicio.

En ocasión del asesinato del fiscal Danilo Anderson[63] el titular de Comunicación e Información, Yuri Pimentel, anunció que solicitaría a Conatel sancionar (con 1% o 2% de los ingresos brutos) a los medios de comunicación que "obstruyan la justicia" en dicho caso, sobre la base del artículo 28 de la Ley de Responsabilidad Social en Radio y Televisión"[64].

Disposición más favorable y actuación diligente ha tenido Conatel en la habilitación de emisoras de radio y TV comunitarias, la mayoría de ellas al servicio del llamado "proceso".

Seniat y libertad de expresión

Uno de los casos más sonados que ocupó la atención de la opinión pública en su momento fue el relacionado con los diarios de la Cadena Capriles, en cuyo litigio interno por razones patrimoniales se acusó al Estado de intentar condicionar la línea editorial de sus populares periódicos, matutino y vespertino:

Nuevamente se está dirimiendo en los tribunales el caso de la sucesión Capriles, especialmente en lo que respecta a los impuestos

---

62 *El Nacional*, 14 de octubre de 2004
63 Fiscal del Ministerio Público que adelantaba casos de alto interés para el Ejecutivo Nacional. Fue víctima de un violento y mortal atentado el 18 de noviembre de 2004.
64 *El Nacional*, 23 de febrero de 2006

sucesorales. Hay disparidad de criterios entre el Seniat y los herederos del próspero editor. En el alto gobierno no se descarta la posibilidad de utilizar esta circunstancia para torcer la línea editorial de los diarios *Últimas Noticias* y *El Mundo*.[65]

Producto de esta controversia se entendió la dimisión de Teodoro Petkoff[66] a la jefatura del vespertino *El Mundo*:

Al explicar la decisión de renunciar a la dirección de *El Mundo* dijo que "en forma obscena el Gobierno presionó a la familia Capriles para torcer la línea editorial de *El Mundo*. El pretexto para el chantaje ha sido el problema patrimonial que envuelve a la mencionada familia.[67]

De igual manera, en el contexto de la confrontación política de 2004, cuando el pueblo venezolano accionó un referendo revocatorio al mandato del Presidente de la República, el Seniat se sumó a la acción coercitiva de Conatel mediante multas y cierres temporales de medios de comunicación por presunto incumplimiento de obligaciones tributarias. Mientras los medios del Estado están volcados a la acción propagandística del Gobierno y las líneas editoriales e informativas están al servicio exclusivo de la parcialidad política al frente del Ejecutivo, desde el propio Estado se ejerce una intimidación o coerción sistemática utilizando, también, la entidad recaudadora de impuestos. Del referido informe de prensa de Jordán Hernández cito dos casos relevantes:

Seniat multó a RCTV, Televen y Venevisión. Las sanciones, que totalizan 2,2 millones de dólares, constituyen un impuesto por

---

65   Santiago Alcalá, Columna "El Quirófano", diario *La Razón*, 28 de noviembre de 1999.

66   Político, ex guerillero, escritor, fundador del Movimiento al Socialismo, hoy alejado de la actividad partidista. Fundador editor del diario *Tal Cual*.

67   *La Razón*, 26 de diciembre de 2009.

la transmisión gratuita de las cuñas de la Coordinadora Democrática. Marcel Granier, presidente de las empresas 1BC, dijo que tal medida obedece a razones políticas, luego que él denunciara la militarización del Gobierno. "Uno expresa libremente su opinión y el Gobierno inmediatamente arremete contra la libertad de expresión.[68]

Con ponencia de la magistrada Yolanda Jaimes, la Sala Político-Administrativa declaró con lugar una apelación de la Procuraduría General de la República contra una sentencia dictada por el Tribunal Superior Quinto de lo Contencioso Tributario favorable a Venevisión. En consecuencia, la televisora deberá pagar más de 95 millones al Seniat[69].

2005 fue un año de particular actividad del Seniat en el cierre de medios de comunicación del interior del país con líneas editoriales e informativas contrarias al Gobierno. Con medidas que sus propietarios calificaron de excesivas por parte del organismo recaudador de impuestos, fueron cerrados temporalmente los diarios *Nueva Prensa* de Guayana, *El Expreso*, con su sede principal en Ciudad Bolívar, *El Impulso* de Barquisimeto y su corresponsalía en Caracas, y amenazado de cierre *De Frente*, de Barinas.

El canal de noticias Globovisión constituye sin duda alguna el caso más emblemático de acoso a un medio de comunicación por parte del Seniat y de Conatel. Más de una decena de procesos sancionatorios, más de veinte acciones judiciales, varias investigaciones por parte del Ministerio Público dan testimonio de un sistemático patrón de persecución. Entre los eventos más notorios puede citarse la multa en 2003 por 580 millones de bolívares más el decomiso de equipos de microondas por supuesta utilización indebida de una frecuencia, y en 2009 la exigencia del pago en un plazo perentorio de la contribución impositiva

---

68 *El Siglo*, 19 de marzo de 2004.

69 *El Siglo*, 01 de julio de 2004.

por las cuñas transmitidas por la oposición democrática durante el proceso de reforma constitucional de 2007: de 5 millones de bolívares fuertes, la multa subió a más de 9 millones por ajustes en las unidades tributarias. Tan desproporcionada fue la medida y tan evidente el sesgo político que los ciudadanos solidarios con el canal organizaron el llamado "Globopotazo", colecta pública para cumplir con la sanción.

Contra Globovisión cursan aproximadamente 40 causas, entre juicios y procedimientos administrativos, impuestos por organismos públicos o por partidarios del Jefe del Estado ante distintos tribunales de protección de menores, instancias e instituciones públicas (tribunales de protección de menores, tribunales civiles, Tribunal Supremo de Justicia, ministerios, Consejo Nacional Electoral). Entre 2009 y comienzos de 2010 el Tribunal Supremo Justicia falló en varias oportunidades contra Globovisión sobre casos pendientes. Las decisiones del TSJ causaron serios perjuicios a la empresa: se incautaron definitivamente microondas del canal; se declararon liberadas frecuencias radioeléctricas reservadas a Globovisión para ampliar su cobertura; y se le aplicó la referida multa de 9 millones de bolívares fuertes[70].

---

70   Informe "Globovisión en la mira" / www.globovisión.com

Limitaciones de acceso a las fuentes de información [71]

> "El acceso a la información en poder del Estado es un derecho fundamental de los individuos. Los Estados están obligados a garantizar el ejercicio de este derecho. Este principio sólo admite limitaciones excepcionales que deben estar establecidas previamente por la ley para el caso que exista un peligro real e inminente que amenace la seguridad nacional en sociedades democráticas".
>
> (Declaración de Principios sobre Libertad de Expresión, No. 4)

El 6 de enero de 2007, cuando el teniente coronel Hugo Chávez tomó posesión del cargo como Presidente reelecto anunció al país, desde la Asamblea Nacional, que el resultado de las elecciones era "un mandato para la profundización del socialismo". Semejante declaración, que, a todas luces, torcía la voluntad expresada en las urnas electorales, genera mucha crispación y enrarecimiento del debate político. El Gobierno, en lugar de concentrarse en la solución de graves problemas que aquejan a los ciudadanos como la inseguridad, la escasez de vivienda, el creciente deterioro en la prestación de servicios médicos y asistenciales, dedica la mayor parte del tiempo y recursos

---

71 Cuando este trabajo estaba en el proceso de corrección editorial, el Presidente de la República decretó la creación del Centro de Estudio Situacional de la Nación (Cesna), que causó alarma en la colectividad. "El Cesna puede convertirse en una herramienta que legitime la práctica que ya viene ocurriendo en Venezuela relacionada con que los funcionarios públicos nieguen información" declaró a *El Nacional* Carlos Correa, director de Espacio Público, organización civil especializada en derechos sobre la comunicación. En el mismo sentido declaró Rocío San Miguel, directora de la ONG Control Ciudadano: "Esto representa un estado de excepción permanente con respecto al acceso a la información". Héctor Faúndez, del Centro de Derechos Humanos de la Universidad Central de Venezuela, fue más tajante: "El decreto no puede ser aplicado en un país democrático". (Ver *El Nacional*, 4 de junio de 2010.)

en la agenda política de "construcción del socialismo" (sic). A partir de ese momento, los conflictos del Gobierno, y en particular del Jefe de Estado, con los medios de comunicación se han venido agudizando, agravada la situación, claro está, por la ilegítima concreción de la decisión anunciada el 28 de diciembre de 2006 de no renovar la concesión a Radio Caracas Televisión y el ulterior ensañamiento a la supervivencia de este canal. (cf. infra, p. 103)

Grave y delicado como es, la limitación del acceso a las fuentes de información, junto con la autocensura, pareciera no tener la visibilidad y resonancia debida entre los otros problemas graves que aquejan a la libertad de expresión en Venezuela. Agresiones físicas y acoso a reporteros, "visitas" intempestivas del Seniat o de Conatel a medios de comunicación, insultos presidenciales, cadenas o acciones de censura directa de aparente mayor impacto ocupan el espacio de la opinión pública. Pero la sistemática limitación al acceso a la información pública, a pesar de su equivalente, y en algunos casos mayor, efecto deletéreo, tiende a pasar desapercibida. Salvo, claro está, cuando dicha limitación se transmuta, como suele suceder, en brutal impedimento de la cobertura informativa de actos oficiales o manifestaciones públicas.

En julio de 2007 la abogada Rocío San Miguel, directora de la organización no gubernamental Control Ciudadano para la Seguridad, constató en su informe oficial lo que se conoce como tendencia "secretista" del Estado hacia la información pública a la que los ciudadanos deberían tener acceso. San Miguel denunció la enorme dificultad para obtener información del Estado para la elaboración del *Atlas Comparativo de la Defensa* que organizaciones similares de unos diez países de América Latina consiguieron sin dificultad. Su pesquisa se estrelló contra el hermetismo de la Dirección General de Inteligencia del Estado Mayor Conjunto de la Fuerza Armada Nacional (FAN) y de la Comisión de Defensa de la Asamblea Nacional:

El primero me dejó de contestar llamadas y después de tres semanas me respondió que no podía darme información. Pero con la instancia parlamentaria fue peor: fueron incapaces de emitir información sobre el funcionamiento y material de trabajo de esa Comisión. Aquí no se da cuenta de la información del Estado.[72]

Aunque todavía Venezuela no cuenta con una normativa que garantice el acceso a la información pública, existen derechos fundamentales consagrados en la Constitución de 1999 que obligarían al Gobierno a una mayor flexibilidad y transparencia. Su artículo 28, del Título III, de los deberes, derechos y garantías, consagra:

> Toda persona tiene el derecho a acceder a la información y a los datos que (...) consten en registros oficiales o privados (...) y podrá acceder a documentos de cualquier naturaleza que contengan información cuyo conocimiento sea de interés para comunidades o grupos de personas. Queda a salvo el secreto de las fuentes de información periodística y de otras profesiones que determine la ley.[73]

El artículo 143 de la sección segunda, referido a la Administración Pública, también es claro al respecto:

> Los ciudadanos y ciudadanas tienen derecho a ser informados e informadas oportuna y verazmente por la Administración Pública sobre el estado de las actuaciones en que estén directamente interesados e interesadas, y a conocer las resoluciones definitivas que se adopten sobre el particular. Asimismo, tienen acceso a los archivos y registros administrativos, sin perjuicio de los límites aceptables (...).[74]

---

72 *El Universal*, 01 de julio de 2007.
73 Constitución de la República Bolivariana de Venezuela, 1999.
74 Constitución de la República Bolivariana de Venezuela, 1999.

Sin embargo, los obstáculos referidos por Rocío San Miguel no son algo nuevo. En los prolijos informes anuales del Programa Venezolano de Educación-Acción en Derechos Humanos-Provea[75], en los de Espacio Público[76] y en el informe de prensa del periodista Jordán Hernández se encuentran testimonios y reseñas contundentes de las prohibiciones, obstáculos, limitaciones y excesivo celo de instancias institucionales para la cobertura de los medios independientes. Desde el Presidente de la República hasta ministros y jueces no suministran o impiden el acceso a informaciones que son de interés para la ciudadanía. O, la modalidad más frecuente, sólo se permite la cobertura a los medios oficiales, con lo cual imponen una sola óptica de lo que acontece en la realidad.

Otro caso notorio de limitación de fuentes es el cierre de oficinas de prensa, como ocurrió con la sala de prensa del Cuerpo de Investigaciones Científicas, Penales y Criminalísticas (Cicpc) luego de denuncias sobre tráfico de armas, calificado en su oportunidad por el Sindicato Nacional de Trabajadores de la Prensa como "un acto antidemocrático de censura". Vale la pena recordar también como ejemplo extremo de esta cerrazón oficial la acusación de Provea ante la Sala Constitucional del Tribunal Supremo de Justicia (TSJ) al Defensor del Pueblo, Germán Mundaraín, de negarle la información referente

---

75 Provea, Programa Venezolano de Educación-Acción en Derechos Humanos, es una organización no gubernamental independiente venezolana dedicada a analizar la situación de los derechos humanos en Venezuela y a la promoción y defensa de los mismos. El trabajo de la organización se resume en un informe anual que publica y distribuye a entidades públicas y privadas, nacionales e internacionales.

76 Espacio Público es una asociación civil sin fines de lucro, no gubernamental, independiente y autónoma de partidos políticos, instituciones religiosas, organizaciones internacionales o gobierno alguno, que tiene como finalidad la promoción y defensa de los derechos humanos, especialmente la libertad de expresión, el derecho a la información y la responsabilidad social en los medios de comunicación social.

al número de denuncias de violaciones a los derechos humanos recibidas durante 2004.

Finalmente, una deriva altamente peligrosa fue lo ocurrido con la periodista Tamoa Calzadilla[77], quien se vio obligada a acudir al Ministerio Público por una averiguación de ese despacho en relación con una supuesta filtración de documentos relacionados con el caso del asesinato del fiscal Danilo Anderson. En la misma averiguación fue citada la periodista Patricia Poleo[78]. Tales comparecencias, además de atentar contra la inviolabilidad periodística del secreto de sus fuentes de información, también constituyen otra modalidad de restricción del acceso a la información.

Entre los atentados más relevantes de 2007, por paradójico que pueda parecer, estuvo el de prohibir la cobertura informativa del acto de conmemoración del Día Nacional de la Libertad de Expresión a los periodistas de RCTV porque estos comunicadores vestían una camiseta con la inscripción "Unidos por la libertad de expresión".

Quizá sea Globovisión el canal con mayores inconvenientes para acceder a fuentes oficiales: durante los últimos años los periodistas de Globovisión han documentado más de 40 oportunidades en las que se les ha impedido la cobertura de informaciones oficiales.

En 2009, la guinda de la torta la colocó la presidenta de la Asamblea Nacional, Cilia Flores, al impedir la cobertura directa de los medios de comunicación desde el propio hemiciclo, como ha sido costumbre, para obligarlos a conectarse con la señal de la emisora parlamentaria ANTV y mantenerlos en cuarentena en una pequeña sala anexa al salón de debates. Pretender que los venezolanos veamos la realidad a través del cristal único del Gobierno es una inaceptable limitación al derecho a la información consagrado en la Constitución:

---

77   Cf. Infra, p. 105.
78   Cf .Infpra, p. 101.

...la prohibición del acceso a las cámaras de televisoras privadas a la
Asamblea Nacional, efectivamente afecta a la sociedad en su conjunto al impedir la recepción de información de interés general,
de manera plural y diversificada, elemento imprescindible para un
correcto funcionamiento de la democracia.[79]

Censura

> "La censura previa, interferencia o presión directa
> o indirecta sobre cualquier expresión, opinión o
> información difundida a través de cualquier me-
> dio de comunicación oral, escrito, artístico, visual
> o electrónico, debe estar prohibida por la ley. Las
> restricciones en la circulación libre de ideas y opi-
> niones, como así también la imposición arbitraria
> de información y la creación de obstáculos al libre
> flujo informativo, violan el derecho a la libertad de
> expresión".
>
> (Declaración de Principios
> sobre Libertad de Expresión, No. 5)

Entre los fallos más deplorables del Tribunal Supremo
de Justicia debe contarse, sin ninguna duda, la decisión de la
Sala Constitucional conocida como Sentencia 1.942 que, como
vimos (cf. supra, p. 47) valida la censura previa y las normas
de desacato establecidas en el Código Penal para castigar con
prisión la libre crítica a funcionarios públicos y organismo oficiales.

Son muchos los casos de acciones de censura por parte del
Gobierno, muchos de ellos encubiertos por la intimidación y
la coerción que, generalmente, inhibe la denuncia. Luego de
la crisis de abril de 2002 y en consecuencia de la polarización

---

79   Marianna Belalba, "Análisis del derecho de acceso a la información pública
     en Venezuela. Avances y retrocesos", Espacio Público, Informe 2009, p. 37.

política que ella produce, las acciones o decisiones que tipifican como censura se aceleran por una empinada cuesta. Para colmo de males, la perniciosa práctica de parte de funcionarios públicos y la hipersensibilidad ante la crítica parecían ya haber contaminado otros espacios de la vida venezolana. Por la relevancia del caso vale la pena referir el incidente relacionado con la presunta censura por parte de funcionarios de la Embajada de Francia, quienes en septiembre de 2003 habrían intervenido una muestra de fotoperiodismo venezolano. De acuerdo con la reseña de Marianela Balbi, del diario *El Nacional*, entre las imágenes que irritaron el ojo galo está la fotografía "del Salón Ayacucho del Palacio de Miraflores con el cuadro de Bolívar a caballo y, en primer plano, la silla presidencial vacía; la fotografía de una señora que tiene en su mano derecha un crucifijo y en el rostro el fervor religioso como escudo protector frente a la violencia desatada en una concentración pública; otra muestra un primer plano de un grupo de simpatizantes de Hugo Chávez con un afiche del Presidente y una boina del MVR; también la foto de soldados en plena faena de dispersar manifestantes con bombas lacrimógenas". En total, 21 fotografías que la Embajada de Francia, al considerar que eran de "contenido político", objetó entre el conjunto de obras presentadas para la muestra.

> Los afectados son los fotógrafos Ramón Lepage, Guillermo Suárez, Gabriel Osorio, Iván González (todos reporteros gráficos de *El Nacional*), Incola Pineda (*Tal Cual*), Gregorio Marrero (fotógrafo independiente) y Pablo Ruiz y David Maris, quienes por tal motivo decidieron retirarse de la muestra.[80]

Igual suerte tuvo la muestra "Reporteros Gráficos" del diario *El Universal,* víctima del rechazo de 43 fotografías por la empresa estatal Metro de Caracas, reseñada por este diario el

---

80   *El Naciona*l, 13 de septiembre de 2003.

20 de septiembre de 2003 en el reportaje "La censura viaja en el metro", de Yasmín Monsalve.

Entre otros casos relevantes de censura de los últimos años relacionados con el medio cultural (decisiones contra grupos de teatro, eliminación de subsidios, vetos para la participación de artistas en eventos nacionales e internacionales, el cierre del Ateneo de Caracas), citemos un par de situaciones por su notoriedad y carácter emblemático: el condicionamiento a la productora artística Palo de Agua y el veto a la actriz Fabiola Colmenares. En el caso de Palo de Agua, productora del musical *Jesucristo Superestrella*, Movilnet, la empresa telefónica del Estado, pretendió condicionar un patrocinio previamente acordado a que los productores no promocionaran su espectáculo en el canal Globovisión, los diarios *El Nacional*, *Tal Cual*, *El Nuevo País*, la radio *Ateneo FM* y la revista *Zeta*, medios de comunicación que el Gobierno estigmatiza como de oposición. Por fortuna, y superando los ingentes riesgos que suponía perder el importante patrocinio de Movilnet (y de RIM Blackberry), Palo de Agua se sobrepuso a la censura y consiguió otra alternativa para seguir adelante con el espectáculo.

Contra Fabiola Colmenares la emprendió directamente el ministro de la Cultura de turno, Farruco Sesto, al catalogarla en una carta pública como "un personaje menor del fascismo criollo". Como consecuencia, la actriz, que tuvo notoria participación en la lucha ciudadana contra el inconstitucional proyecto de reforma intentado por el teniente coronel Chávez en 2007, fue vetada de su participación en la obra *Todos los hombres son mortales... ¡y las mujeres también!*, programada en el Centro de Estudios Latinoamericanos Rómulo Gallegos (Celarg), dependencia del Ministerio de la Cultura. El director de la obra, Héctor Manrique, fue el receptor de la sencilla propuesta: cambie a la actriz y la obra puede presentarse en nuestras instalaciones.

También tuvo relevancia, por su impacto internacional, la indisposición gubernamental contra el cantante español Alejandro Sanz por unas declaraciones del cantautor en favor de la democracia en Venezuela.

¿*CUÁL REVOLUCIÓN?*

Otro intento, afortunadamente fallido, de lo que puede calificarse de censura previa, ocurrió con el intento del Consejo Nacional Electoral de prohibir la transmisión del documental *¿Cuál revolución?*, de la asociación civil Ciudadanía Activa. La misiva enviada a los canales Televen, Venevisión, Globovisión y RCTV, firmada por el rector Jorge Rodríguez, exigía no transmitir el documental considerando, caprichosamente, que *¿Cuál revolución?* violentaba las normas de publicidad y propaganda, si bien el documental ni se refería al referéndum revocatorio ni mucho menos se pronunciaba por ninguna de las dos opciones en pugna.

La decidida determinación de las televisoras ante la evidencia de que el documental no infringía ninguna disposición legal echó al traste la prohibición y, por el contrario, sirvió de una valiosísima promoción para el lanzamiento de *¿Cuál revolución?*, que, efectivamente, fue transmitido por Globovisión y por RCTV y ampliamente distribuido en el formato de DVD.

GENERAL FRANCISCO USÓN

Un caso notorio de censura ligado directamente con el teniente coronel Chávez es el del general Francisco Usón[81], condenado a cinco años y seis meses de cárcel por supuesto delito de vilipendio a la Fuerza Armada Nacional. Invitado al programa de televisión de la periodista Marta Colomina, en el canal Televen, el 16 de abril de 2004, el general Usón emitió una opinión con relación al llamado "Caso Fuerte Mara", donde unos jóvenes soldados, recluidos en un pabellón que fungía de celda

---

81 Alto oficial de la Fuerza Armada Nacional, en condición de retiro, dado de baja a raíz de los sucesos de abril de 2002. Fue ministro de Hacienda del gobierno de Hugo Chávez.

de castigo, resultaron heridos y muertos en extrañas circunstancias.

Ante una pregunta de la periodista Colomina, el General explicó el funcionamiento de un lanzallamas y los efectos que esta arma podría producir, similares a los causados a los soldados lesionados en la celda de castigo y luego muertos por consecuencia de intensas quemaduras. Aunque la determinación de la definitiva responsabilidad de los autores y materiales por el hecho denunciado ha sido larga y confusa, lo más aberrante de las consecuencias de ese crimen es que Usón pasó varios años tras las rejas, desde el 22 de mayo de 2004 hasta el 24 de diciembre de 2007, por instrucciones de un tribunal militar.

Afortunadamente, la decisión de la Corte Interamericana de Derechos Humanos (sentencia del 20 de noviembre de 2009) desagravia y libera de culpa al general Usón ante el penoso manejo de la justicia en nuestro país y deja un testimonio fehaciente de los atentados a la libertad de expresión en Venezuela. En efecto, el caso del alto oficial es uno de los pocos que se han elevado a este máximo tribunal interamericano por violaciones a la libertad de expresión. En sus consideraciones previas, la CIDH había manifestado que "el Estado venezolano es responsable de la violación de los derechos a la libertad de pensamiento y de expresión, a la libertad personal, a las garantías y protección judiciales en perjuicio del señor Francisco Usón Ramírez". La decisión deja sin efecto la sentencia del tribunal venezolano y obliga al Estado a cancelar cien mil dólares al general retirado. Asimismo, este relevante fallo de la Corte también emplaza al Estado venezolano a modificar el artículo 505 del Código de Justicia Militar, por calificarlo de ambiguo, y publicar la sentencia completa en *Gaceta Oficial*.

Cosita rica

También en el ámbito militar fue pública la censura contra los actores y técnicos de la telenovela *Cosita rica*, del escritor Leonardo Padrón, producida y transmitida por Venevisión, por algunos contenidos de la secuencia que se grababa en instalaciones de la Fuerza Armada Nacional:

> Relató Padrón que las imágenes de Nixon (personaje de la telenovela) y un grupo de niños de la calle marchando en solicitud de respeto a sus derechos y verbalizando sus miedos e inquietudes se habían grabado sin problema hasta que la frase "señor Presidente, no nos nombre más en sus discursos, no sirve de nada... Señores de la oposición, no nos usen más en sus propagandas políticas" fue recibida con desagrado por uno de los oficiales. "Intempestivamente llegó a la locación el mismísimo general Jorge Luis García Carneiro. Alterado -según relataron los presentes-, el general trisoleado amenazó al equipo con mandarlos a prisión si no se iban del lugar en menos de treinta minutos".[82]

EL CASO ANDERSON

En 18 de noviembre de 2004 la sociedad venezolana es conmovida por el brutal asesinato del fiscal del Ministerio Público Danilo Anderson, quien tenía a su cargo delicados y complejos casos que habían llamado la atención de la opinión pública. En el transcurso de las investigaciones judiciales el Ministerio Público se quejó del manejo que algunos medios de comunicación estaban dando a informaciones referidas al caso y, en particular, a la presunta difusión de las actas procesales. En consecuencia, el Tribunal Sexto de Control a cargo del juez Florencio Silano, a petición del fiscal general Isaías Rodríguez, dicta entonces una prohibición de divulgar las actas relacionadas con el ciudadano Giovanny Vásquez, considerado testigo clave de la Fiscalía en el caso de la muerte del fiscal Anderson. Por intermedio de Conatel se notifica a los medios la medida judicial. Alberto Federico Ravell, director de Globovisión, al recibir la notificación hizo una declaración pública que manifestaba su sorpresa y malestar: "Esta es una fecha histórica, porque recibimos por

---

82   *El Universal*, 17 de abril de 2004.

primera vez un oficio en donde se establece la censura previa en Venezuela"[83].

Criterio coincidente expresó el profesor Héctor Faúndez Ledezma, director del Centro de Estudios de Derechos Humanos de la Universidad Central de Venezuela, quien consideró:

> Las medidas adoptadas por el Ministerio Público referidas a abrir una investigación a los medios de comunicación por presunta obstrucción de la justicia por publicaciones sobre el caso Anderson y el testigo clave de la Fiscalía General de la República, Giovanny Vásquez; la protección a esta persona y la solicitud de que se prohibiera divulgar las cartas del expediente sobre este proceso, pueden calificarse de censura previa.[84]

Como consecuencia de esta decisión del juez Silano, poco después son citadas por el Ministerio Público las periodistas Tamoa Calzadilla y Patricia Poleo, de *Últimas Noticias* y *El Nuevo País*, respectivamente.

DIARIO CARIBAZO

Fiel a lo que parece consolidarse como una tradición en el Tribunal Supremo de Justicia, de nuevo una sentencia sobre una querella en particular sienta una grave jurisprudencia sobre otro asunto que no es el tema de fondo, en este caso contra el ejercicio de la libertad de expresión. El 26 de junio de 2006, en efecto, la Sala de Casación Civil del Tribunal Supremo de Justicia pone fin a un viejo litigio entre representantes de los periódicos neoespartanos *Diario Caribazo* y *El Sol de Margarita*, con una decisión del magistrado Carlos Oberto Vélez que renueva el debate entre los límites y alcances de la libertad de expresión. Resuelto lo sustancial del caso, en su ponencia el magistrado Carlos Oberto Vélez determina:

---

83   *El Nuevo País*, 25 de enero de 2006.
84   *El Nacional*, 19 de enero de 2006.

Adicionalmente a lo expuesto quiere la Sala dejar sentado y ello también a fin de ilustrar al recurrente, que el hecho del ejercicio de la profesión de periodista, si bien es un ejercicio liberal en el cual el profesional es responsable de los dichos o escritos que suscriba, *esa responsabilidad la comparte así mismo el medio impreso a través del cual se emiten o publican las mencionadas creaciones intelectuales; esto es así por cuanto existe para la empresa editorial una función depuradora o revisora y, de no ejercerla impidiendo, por ejemplo, que se publiquen por su medio expresiones o escritos difamatorios o insultantes a personas o instituciones, se convertirá en responsable del daño que la publicación pueda causar.*

En caso como el de autos, es imprescindible una actividad saneadora de los medios de comunicación, pues no es admisible que su utilización vaya dirigida desproporcionadamente a emitir opiniones o imputaciones que resulten difamatorios (sic) que en el plano civil causen daños, que deban ser reparados y resarcidos económicamente. No es admisible que so pretexto del ejercicio de un derecho se incurra en la violación del derecho ajeno, como son los de respeto, privacidad, decoro.[85]

Contrariamente a la garantía constitucional, a los tratados internacionales y a la Ley de Ejercicio del Periodismo, el criterio de este magistrado según el cual las empresas deben ejercer una "función depuradora o revisora" conduce irremediablemente a la censura previa. El fallo del magistrado Oberto Vélez, en un conflicto privado que ya duraba ocho años, fue rechazado por calificadas voces del mundo del Derecho y es referido como una de las peores decisiones que ha salido del TSJ.

Caso Walter Martínez

El periodista Walter Martínez, conductor del programa *Dossier* en VTV, televisora del Estado, quien en el acto proto-

---

85   Ponencia del magistrado Carlos Oberto Véliz, Tribunal Supremo de Justicia (destacado nuestro).

colar de entrega del Premio Nacional de Periodismo correspondiente al año 2003-2004 saludó marcialmente al jefe del Estado, en infeliz y lamentable banalización de los claros límites que separan lo civil de lo militar, abandonó Venezolana de Televisión, a finales de 2005, víctima de la censura gubernamental:

El canal de "todos los venezolanos" amaneció cubierto de pintas. La gerencia, muy diligente, mandó a echar muy temprano una mano de pintura color ladrillo para que no se leyeran cosas como "censura no", "Dossier no se va", "Fuera la derecha de VTV", "Que renuncie la directiva". La mecha la prendió Walter Martínez cuando cuestionó en su programa, ahora en *off*, a la viceministra para América del Norte, Maripili Hernández, y criticó a los "que se ponen la boina roja para robar".[86]

El caso de Walter Martínez levantó una tremenda polvareda en los medios electrónicos oficialistas y ameritó, incluso, la intervención del Jefe del Estado, desafortunadamente, avalando la censura:

En pleno apogeo del programa *La hojilla* y cuando su moderador Mario Silva debatía con el invitado Luis Tascón sobre la suerte de Walter Martínez (a quien por expresar críticas le suspendieron su programa) en el canal del Estado, por sorpresa les entró una llamada del mismísimo Presidente de la República, quien les pidió tener cuidado con las "autocríticas" que se hacen al voleo y frente a las cámaras de televisión. Silva y Tascón criticaron la forma en que fue sacado del aire el programa de Walter Martínez y el primero llegó a calificar de "adeca" la actitud de los directivos de Venezolana de Televisión, quienes suspendieron a dos locutores del canal por negarse a leer un comunicado "en contra" de Martínez. "Es preocupante que un grupo de personas asuman la defensa de al-

---

86   *Tal Cual*, 22 de septiembre de 2005.

guien sin saber exactamente qué es lo que hay en el fondo", le dijo Chávez al dúo Tascón-Silva.[87]

RICARDO ARMAS Y DAVID PALACIOS

El domingo 9 de octubre de 2005 se inauguraron las exposiciones *Arquitecturas* y *Cuerpo plural*, en el marco de la reapertura del Museo de Arte Contemporáneo de Caracas Sofía Imber, con las obras de Ricardo Armas y David Palacios excluidas de tales montajes, a pesar de haber sido registradas en los catálogos impresos por el museo para cada manifestación.

Las obras censuradas fueron: *Infografía Nº 2146. Derecho a la integridad personal* (2003), una intervención de composiciones bidimensionales similares a las fisicromías de Carlos Cruz-Diez con informes estadísticos sobre derechos humanos, de David Palacios; y una imagen fotográfica de la serie *New York*, 1982, que reproduce la Estatua de la Libertad, de Ricardo Armas.

Ricardo Armas y David Palacios asumen (sic) que sus obras fueron censuradas. Piezas de los artistas fueron suprimidas de dos exposiciones del Museo de Arte Contemporáneo de Caracas "Sofía Imber". El primero señala: "Hasta ahora no me había podido enorgullecer de ser censurado". El segundo explica: "Evidentemente mi obra toca un tema controversial: la situación de los derechos humanos en el paí".[88]

MARIETTA SANTANA (LA TELE)

Aunque no se trata de un acto de censura proveniente de organismos oficiales, un notorio incidente que muestra de manera contundente el avance del cerco a la libertad de expresión es el caso de la periodista Marietta Santana. La comunicadora ampliamente conocida por su desempeño en uno de los programas bandera de RCTV en sus años de más alta audiencia,

---

87   *Últimas Noticias*, 24 de septiembre de 2005.
88   Edgar Alfonzo-Sierra, *El Nacional*, 14 de octubre de 2005.

A puerta cerrada, es despedida en mayo de 2007 de la empresa de televisión La Tele por participar en la marcha de apoyo a RCTV, en rechazo a la medida de cierre anunciada por el Gobierno y en defensa de la libertad de expresión.

Santana ha expresado en entrevistas a diferentes medios de comunicación que la primera vez que asistió a una marcha en apoyo al canal donde se formó, le dijeron al llegar a La Tele: "Atente a las consecuencias, tú no tenías que haber participado en esa marcha, tú nos estás poniendo en una situación muy delicada con el Gobierno"[89].

El caso de Santana es, particularmente, un patético evento de censura, con despido incluido, contra una periodista éticamente obligada a manifestar su solidaridad con el medio en que trabajó durante muchos años y cuyo cierre es considerado por un vasto sector de los venezolanos como una arbitraria retaliación política del Presidente de la República.

"La broma" de Laureano[90]

"El optimismo es el opio del pueblo" escribe el despechado Ludvik en una postal a su pretendida sin sospechar que su ironía, motivada por el desengaño amoroso pues ella prefiere participar en una actividad del partido a encontrarse con él, será su ruina. La postal cae en manos de la unión de estudiantes a la que pertenece el mismo Ludvik y al ser interpretadas como una traición al régimen será expulsado de la universidad y enviado a un campo de trabajos forzados. Desde ese momento, como consecuencia de esa "broma", comienza la tragedia del personaje principal de la novela de Milan Kundera.

Recuerdo vagamente el argumento y también la advertencia de Milan Kundera de que *La broma* es una novela de amor. Sin embargo, más que las peripecias sentimentales de sus personajes cada vez que pienso en esa obra literaria sólo logro

---

89   La Cadena Global, informe de Óscar Lucien.
90   Óscar Lucien, *El Nacional*, 5 de febrero de 2010.

evocar la agobiante opresión de un régimen totalitario que vigila permanentemente, que se cuela hasta en los espacios más privados de la comunicación amorosa y cómo, suprimido todo espacio público para la libertad de expresión, hasta en un chiste se vislumbra una conspiración.

¿No es una terrible y trágica paradoja evocar esta ficción de Kundera, suerte de crónica de los días más oscuros del socialismo real, cuando en nuestro país las hipersensibles autoridades que pregonan el socialismo del siglo XXI pretenden encarcelar a un escritor por una crónica humorística publicada en un diario local? Confieso que cuando me llegó el mensaje de texto con la noticia del probable enjuiciamiento a Laureano Márquez por su crónica "Venezuela sin Esteban", publicada en el diario *Tal Cual*, no di crédito al asunto. Tampoco, al momento, había leído su excelente columna a la que nos acostumbra los viernes. Pasmado, luego de varios correos electrónicos ratificando la alarma general por la insólita persecución a Márquez, frente a sendos anexos, el artículo en cuestión y el comunicado del ministerio de propaganda del Gobierno, salí de la ilusión de que se trataba de una "broma". Escribí "insólita" pero en estricto sentido, el adjetivo sobra. Laureano Márquez, columnista, y Teodoro Petkoff, editor del diario que publica sus textos, ya fueron perseguidos por la justicia venezolana en ocasión de la publicación de la crónica intitulada "Querida Rosinés", y condenados a una onerosa multa que no tenía otro propósito que la quiebra financiera del periódico. En aquella oportunidad el atentado contra la libertad de expresión se escudó en la Ley Orgánica de Protección al Niño, Niña y Adolescente (Lopna). Pero no nos confundamos. Estamos ante un nuevo atentado a la libertad de expresión de características similares pero de distinta, peligrosa y terrible naturaleza. La persecución de 2005, teniendo como brazo ejecutor la Lopna, podría calificar en el clásico esquema de adulancia al jefe, de tradicional jalamecatismo, de ofrenda al culto a la personalidad del jefe máximo. Pero el comunicado del Ministerio de propaganda (Minci), si bien algunos lo valoran dentro de este esquema, también como una suerte de fuga hacia adelante para agradar al irascible comandante, debe ser valorado como un estadio superior en la estrategia de criminalizar la opinión distinta al discurso hegemónico del Gobierno.

"A los paranoicos también los persiguen" suele citar mi compadre merideño. Mientras los seguidores de Laureano Márquez disfrutamos de su inteligente y divertida crónica donde imagina a "Venezuela sin Esteban", el Ministerio de propaganda (Minci) descubre un plan golpista, terrorista, fascista (y provoca agregar autopista, fisioterapista, manicurista, oculista) para acabar con la revolución:

> Este editorial del diario *Tal Cual* representa *una agresión, una provocación y un irrespeto a la democracia venezolana, un llamado flagrante a desconocer el orden constitucional y una incitación a la violencia* como vía de lucha política para lograr lo que saben que no podrán lograr jamás a través de la vía electoral. Esta es una invitación a un plan golpista, genocida y terrorista, que se enmascara a través del humor.[91]

Un reciente comentario sobre Kundera y su obra pone de manifiesto la preocupación del escritor por denunciar los excesos de los regímenes totalitarios y en particular las perversiones de los organismos de inteligencia. Recomienda el comentarista la lectura de *La broma,* pues revela mucho sobre el socialismo real que le parece muy lejano pero determinó trágicamente la historia y la vida de millones de personas.

¿Lejano? Hace pocos días el régimen socialista de Chávez respondió con desmesurada violencia contra jóvenes estudiantes que portaban una pancarta con la inscripción "¡Tas ponchao!". Hoy criminalizan a Laureano Márquez por una crónica humorística que imagina a "Venezuela sin Esteban". En el socialismo venezolano (como en el otro) tampoco hay espacio para "bromas".

---

91 Minci, Caracas, 29 de enero de 2010.

Caso Cedice/Asoesfuerzo

Otro caso emblemático para los anales de la censura en Venezuela es la prohibición (3 de julio de 2009) de la difusión de un micro audiovisual de la campaña educativa en "Defensa del derecho a la propiedad privada" producido por el Centro de Divulgación del Conocimiento Económico (Cedice) y la asociación civil Asoesfuerzo. Nunca en nuestro país gobierno alguno había recurrido mediante procedimiento administrativo de Conatel, agravado con la decisión de una medida cautelar, a impedir una publicidad o propaganda. Para empeorar más la situación, un aviso de prensa con la imagen de una dama desnuda, embarazada y en estado de indefensión, igualmente parte de la campaña en defensa de la propiedad privada, también fue cuestionado por el Instituto para la Protección de la Mujer, el cual, a su vez, promovió su prohibición. El ministro de Obras Públicas y presidente de Conatel, Diosdado Cabello, señaló que las propagandas en cuestión estaban basadas en informaciones engañosas y reiteró la amenaza de sanciones administrativas contra las cadenas de televisión y radio que las difundían:

> Hoy ratificamos la decisión de prohibir que estas cuñas sean transmitidas y la solicitud interpuesta ante la Fiscalía para una investigación penal que determine de dónde salen los recursos para hacer estas cuñas...[92]

Cedice rechazó la censura impuesta por el Gobierno, señalando que la medida de Conatel no pretendía otra cosa que violentar su derecho a la libertad de expresión, al tiempo que ratificó su indeclinable voluntad de luchar por un derecho de todos los venezolanos consagrado en la Constitución de la República. En este sentido es válida la advertencia de Rafael Chavero, profesor de Derecho Administrativo y Constitucional y experto en temas de comunicación, de que "con esta avalancha

---

92 *Últimas Noticias*, 27 de agosto de 2009.

de acciones penales y administrativas, difícilmente un medio de comunicación vaya a querer divulgar campañas de naturaleza política"[93].

Cabe recordar que por la difusión de este micro audiovisual Conatel abrió un nuevo procedimiento administrativo al canal de noticias Globovisión (el quinto en menos de seis meses). La asesora jurídica del canal puso de relieve lo grave de la medida:

> Es peligroso porque se trata de un acto más de amedrentamiento, de arremetida contra la línea editorial del canal, se incrementa el riesgo porque con que se decida en contra en dos procesos pueden revocar la licencia del canal (...) *Lo que se busca es la censura previa y eso está prohibido en la Constitución.*[94]

Oswaldo Alvárez Paz a prisión

El dirigente político Oswaldo Álvarez Paz fue arrestado en marzo de 2010 bajo acusación de conspiración, instigación pública a delinquir y difusión de información falsa por sus declaraciones realizadas en el programa *Aló ciudadano*, de Globovisión. La averiguación contra Álvarez Paz había sido solicitada por "incurrir en el delito de incitación al odio" por el presidente de la Comisión Permanente de Ciencia, Tecnología y Comunicación Social de la Asamblea Nacional, Manuel Villalba[95]. Las declaraciones del ex gobernador y ex candidato presidencial relacionaban al gobierno venezolano con grupos extremistas como las FARC y la ETA. El 29 de abril de 2010 asistentes

---

93   Espacio Público, Informe 2009.

94   Declaración de Ana Cristina Núñez, *El Nacional* digital, 3 de julio de 2009, 12:56 pm (destacado nuestro).

95   En octubre de 2008 el diputado Villalba solicitó averiguación penal contra el periodista Rafael Poleo por incitación al odio, violencia y magnicidio, por unas declaraciones emitidas en el programa *Aló ciudadano*. Por los mismo supuestos Conatel abrió un procedimiento aministrativo contra Globovisión y contra el productor independiente del programa, Leopoldo Castillo. A raíz de esta situación el periodista y editor del diario *El Nuevo País*, Rafael Poleo, se encuentra en el exilio.

a una concentración pública en una plaza caraqueña repitieron textualmente las declaraciones de Álvarez Paz en defensa de la libertad de opinión.

EL NACIONAL EN LA MORGUE DE BELLO MONTE

Un caso notorio que evidencia claramente la pretensión de que el cerco trascienda los dominios de la radiotelevisión es lo ocurrido con el diario *El Nacional* en agosto de 2010. En su edición del viernes 13 de agosto el periódico publica en primera página una fotografía, a color, que muestra de manera descarnada las degradantes condiciones en las se "almacenan" los cadáveres en la morgue de Bello Monte, en Caracas. La cruda foto estaba relacionada con informaciones sobre los terribles índices de violencia que ubican a nuestra capital, Caracas, como la segunda ciudad más violenta del continente y a Venezuela entre los primeros países con mayor índice de homicidios por cada cien mil habitantes. La respuesta airada del Gobierno no se hizo esperar y a solicitud de la presidenta del Instituto de Derechos de Niños y Adolescentes (Idena), Litbell Díaz, se inició una averiguación penal contra el diario que incluyó la insólita medida de prohibir a los medios impresos la publicación de imágenes y contenidos de hechos violentos. Días después, gracias a la protesta nacional e internacional contra tan abusiva medida, el tribunal a cargo del caso corrige o matiza su decisión respecto de la publicación de contenidos violentos, pero la investigación penal contra el diario sigue en pie:

> Los periodistas tienen el derecho de informar exhaustivamente sobre hechos de interés público. El impacto que tienen el crimen y la violencia en miles de venezolanos es un tema claramente de interés público. Es casi crucial en estos momentos que los venezolanos puedan estar informados sobre estos temas...[96]

---

96 Declaración de Carlos Lauría, del Comité para la Protección de Periodistas (CPJ por sus siglas en inglés).

El año que vivimos en peligro (abril 2002)

Los eventos de abril de 2002, concretamente de los días 11, 12 y 13, marcan un antes y un después en el periodismo venezolano. Mucho se ha dicho de lo ocurrido en ese turbulento abril, mucho se ha dejado de decir. Llama la atención, particularmente, cómo se ha escamoteado de la valoración histórica y política, incluso de parte de sectores de la llamada oposición, la importancia de la manifestación cívica y democrática volcada en las calles de Caracas para rechazar las políticas antidemocráticas del Presidente de la República, que originó su confusa y controversial renuncia. Poco se ha dicho de la perversa confiscación de ese gran logro ciudadano que fue usurpado por el fugaz gobierno de facto de las horas posteriores y la vuelta al poder del presidente Chávez tras las negociaciones entre los propios militares. Pero no siendo este el contexto pertinente para adentrarnos en el corazón de estos problemas, sólo vamos a presentar una breve reseña, con el apoyo hemerográfico disponible, apuntando a los temas más relevantes relacionados con la libertad de expresión: la masacre de inocentes marchistas, la cadena perversa del teniente coronel Chávez, el gobierno de facto, la confiscación del derecho ciudadano a estar informado.

En la tarde del 11 de abril de 2002 una imponente manifestación cívica que avanza hacia el centro de Caracas con el propósito de expresar su protesta ante el Palacio Presidencial de Miraflores es atacada a tiros. En medio de la confusa situación generada por los disparos, por la actuación de la Policía Metropolitana, por los grupos oficialistas armados y otros cuerpos de seguridad del Estado, por la presunta actuación de francotiradores (tanto el Gobierno como la oposición denuncian la presencia de tales asesinos), el Presidente de la República impone una cadena de radio y televisión que niega la posibilidad a la ciudadanía de un libre acceso al conocimiento de lo que efectivamente estaba ocurriendo en el centro de Caracas: "He tomado la decisión, cuando falta (sic), según mi reloj, quince minutos para las cuatro de la tarde, de convocar esta cadena nacional de radio y televisión para enviar un mensaje a todos los venezolanos…" anuncia el jefe del Estado.

Esta providencia del Presidente privó a la ciudadanía del acceso a fuentes diversas y plurales para formarse un criterio cierto de lo que efectivamente estaba ocurriendo en ese momento. Como contrapartida, los canales privados de televisión deciden partir la pantalla en abierto desacato a la imposición de la "verdad" oficial.

En las horas siguientes, hasta el día trece, se suceden una cantidad de eventos que colocan a los medios, oficiales y privados, en el ojo del huracán del profundo y esencial compromiso con las garantías de la libertad de expresión y del derecho a la información de los ciudadanos: constatación de una masacre pública, presunta renuncia del Presidente, gobierno de facto, vuelta al poder del Presidente. Y, aunque al pasar del tiempo unos y otros han tímidamente reconocido los errores cometidos en tan críticos momentos, es indudable que no se han procurado las condiciones adecuadas, las garantías y la serenidad para una evaluación descarnada y sincera que nos permitan consolidar esos pilares fundamentales de la vida en democracia: imparcialidad, transparencia y libre acceso a la información.

Las condiciones en las cuales durante esos agitados días los medios de comunicación se privaron de dar información a los venezolanos, por imposibilidad técnica operativa para realizar la cobertura, por la intimidación, por amenazas y agresiones reales, por autocensura, por la sobrevaloración de los riesgos, por sesgo político, constituyen todavía aspectos de la controversia política actual. ¿Con qué derecho y sobre qué legitimidad el Presidente impuso la mencionada cadena? ¿Quién, con qué legitimidad y con qué derecho autorizó la salida del aire de VTV, canal oficial? ¿Por qué los medios de comunicación privados no informaron adecuadamente sobre las contingencias de la vuelta al poder del presidente Chávez? Y aunque en la propia prensa de la época podemos encontrar pistas para el abordaje de tales interrogantes, es insoslayable relanzar el compromiso con los valores esenciales de la democracia: libertad de expresión y derecho a la información.

Sergio Dahbar, en la época editor adjunto del diario *El Nacional*, deja expreso su punto de vista en una reseña de *El Universal* firmada por la periodista Mariveni Rodríguez el lunes 15 de abril:

> El diario no salió ayer porque no estaba garantizada la seguridad para el edificio, y lo que es peor, para la gente, los trabajadores y periodistas. No pudimos editar y queríamos salir. Que los lectores tuvieran el diario en sus manos al día siguiente. Pero no estábamos seguros, había demasiados rumores, sabíamos que *El Universal* había tenido que desalojar y abandonar sus instalaciones. Vimos con sorpresa que empezaron a pasar las motos con gente amenazante, lanzaron tiros al aire. Eso creó una atmósfera atemorizante y muy difícil. Los periodistas pudieron llegar a la redacción, estábamos todos preparados, pero era todo muy peligroso. Al menos, desde 1996 que yo estoy aquí, nunca habíamos dejado de publicar.[97]

La reportera de *El Universal* Mariveni Rodríguez también recoge el testimonio de los responsables de *El Nuevo País*:

> Vivimos un clima de terror durante todo el día y aun hoy (ayer) y el hostigamiento no facilita las cosas. Somos el ojo del huracán, especialmente los periodistas que hemos resaltado en algunas coberturas. Estamos amenazados. Los saqueos del día de hoy (ayer) y el hostigamiento no facilitan las cosas. No hay ningún organismo del Estado que esté brindando seguridad a las instalaciones de los medios de comunicación social, especialmente en aquellos —casi todos— que estamos en zonas encendidas. Algunos periodistas vinieron hoy (ayer) y los devolví a su casa. Yo no voy a arriesgar

---

97 *El Universal*, 15 de abril de 2002.

el pellejo de mis trabajadores. La experiencia de los trabajadores de RCTV no puede repetirse. Y lamentablemente me han llamado algunos periodistas atemorizados, piensan irse a las embajadas o están resguardados en casas.[98]

La caótica situación descrita en el testimonio de *El Nuevo País* está igualmente reflejada en la siguiente nota de prensa, sin firma, en *El Universal*:

Las angustiosas horas vividas ayer por el personal de Radio Caracas Televisión (RCTV) se ven reflejadas en su moderna y acristalada fachada, plena de agujeros y trozos de vidrio roto esparcidos sobre la acera y que todavía no habían sido recogidos en la tarde de ayer (...) En las confusas horas que precedieron al retorno al poder del presidente constitucional, la estación fue rodeada por los grupos afectos al Gobierno y se procedió a romper las ventanas mientras se proferían consignas e insultos.[99]

David Natera, propietario del canal de televisión TV Guayana, del diario *Correo del Caroní* y presidente del Bloque de Prensa, se expresa en un tono coincidente:

La interrupción de la señal, daños a los sistemas de comunicación interna, así como la pérdida total de la flota de vehículos, es el saldo dejado el sábado en la noche por manifestantes adeptos al gobierno en TV Guayana (...) A las 10 pm, los manifestantes arrancaron de cuajo las rejas de la puerta principal y penetraron al estacionamiento, mandarrias en mano, con las que destrozaron todos los vehículos de la planta, a pesar de que nuestra gente trató de persuadirlos. A esa hora eran más de mil personas y preguntaban con insistencia dónde estaban las cámaras (...) Hoy (ayer) decidí salir al aire desde las 12 m hasta las 8 pm, suspender los noticieros de TV

---

98   Ibídem.
99   Ibídem.

Guayana y limitar la transmisión de noticias de Globovisión, esto último atendiendo reclamos de los círculos bolivarianos.[100]

Desde la otra orilla, Ingrid Uzcátegui, coordinadora de la emisión estelar de *La Noticia*, fue la vocera de sus compañeros de VTV en el reclamo de reapertura del canal oficial fuera del aire desde la noche del sábado por una medida que se atribuye a Enrique Mendoza, gobernador del estado Miranda.[101]

Díaz Rangel, veterano periodista partidario del oficialismo, se pregunta:

¿Cómo fue posible que una noticia como la recaptura de palacio, conocida desde la una de la tarde, no fue difundida por radio ni por TV? El periodismo venezolano tendrá que examinarse.[102]

Otro testimonio, publicado en *El Nacional*, refuerza la interrogante del ahora director del diario *Últimas Noticias*:

En horas de la mañana del sábado (13 de abril), cuando el país se desangraba en medio de rumores y no tan rumores, canales como RCTV, Venevisión, Globovisión y Televen optaron por una programación de "absoluta normalidad". En la noche tuvieron que rendirse ante la presión de los simpatizantes del Gobierno, mientras VTV surgía de la inhabilitación para adquirir nuevamente un rol protagónico.[103]

Un caso de resonancia en esos momentos tumultuosos fue la renuncia de Andrés Izarra[104] a la gerencia de producción del

---

100 Yasmín Monsalve, *El Universal*, "TV Guayana limita sus transmisiones", 15 de abril de 2002.

101 *El Nacional*, 13 de abril de 2002.

102 "Los domingos de Díaz Rangel", *Últimas Noticias*, 21 de abril de 2002.

103 *El Nacional*, 15 de abril de 2002.

104 Andrés Izarra ocupaba el cargo de gerente de producción del noticiero de RCTV *El Observador*. Posteriormente ocupa los cargo de presidente del canal internacional Telesur y ministro de Información y Comunicación.

noticiero *El Observador*, de RCTV, inconforme con la política informativa de este canal:

> Renuncié porque en el canal se impuso una línea editorial de arriba que censuraba toda información relacionada con el chavismo. Se prohibió que apareciera en pantalla personero alguno del chavismo (...) Es por eso que cortaron las declaraciones del fiscal Isaías Rodríguez en rueda de prensa del viernes por la tarde. Preparó una treta inteligente: hizo creer que iba a anunciar su renuncia, pero cuando comenzó a condenar el golpe, lo cortaron al aire (...) Valientemente puso su cargo a la orden, ante uno de los episodios más infames que se conozcan en la historia del periodismo mediático venezolano. (...) No se cubrieron las protestas pacíficas de los chavistas en Fuerte Tiuna, tampoco otros disturbios. La línea era transmitir la idea de que todo estaba tranquilo en Caracas. Y no era cierto.[105]

También el fiscal general de la República Isaías Rodríguez acusó a los medios de censurar sus declaraciones en el marco de los acontecimientos de abril y de crear un "cerco informativo":

> Indicó que la rueda de prensa organizada para pronunciarse en torno a los hechos violentos ocurridos ese día sólo fue transmitida por algunos medios radiofónicos y las agencias internacionales, tras lo cual "rebotó" a Venezuela. Rodríguez aseguró que a pesar de la censura mediática y la decisión de la telefonía celular de cortar las comunicaciones, "la información se transmitió con megáfonos y panfletos de boca a boca". También acusó a los sectores empresariales y mediáticos nacionales de plegarse a los poderes exteriores el 11 de abril de 2002 para combatir las leyes de Tierras, Hidrocarburos y Pesca, con la excusa de rebatir los 49 decretos de la segunda Ley Habilitante.[106]

---

105 *Tal Cual*, 24 de abril 2002.
106 *El Carabobeño*, 13 de abril de 2005.

Elizabeth Safar, docente, investigadora del Instituto de Investigaciones de la Comunicación, de la Universidad Central de Venezuela, plantea una reflexión en un contexto de mayor aliento que es buena síntesis de las preocupaciones ciudadanas sobre la materia:

Con respecto a los editores y propietarios de los medios, lo que sucedió ayer (domingo 14, mutismo ante sucesos originados en la crisis golpista) constituye un serio problema de responsabilidad en el uso de los medios que se debe investigar, porque ello constituye también una violación constitucional del derecho a la información y a la comunicación. ¿Aplicó el gobierno de facto la censura y los medios la acataron? ¿Existía algún acuerdo entre medios y gobierno de facto para restringir la información? ¿Por qué los propietarios de medios no explicaron públicamente lo que pasaba, tal como lo hicieron muchos periodistas? ¿Por qué abandonaron a los periodistas? Habiendo enarbolado la defensa de la libertad de expresión frente a las presiones del gobierno de Chávez, ¿por qué no lo hicieron ante el gobierno de facto y frente a los militares? Los medios de comunicación radiotelevisivos le deben explicaciones a su público si quieren conservar algo de credibilidad.[107]

Luego de la vuelta de Chávez al poder, fueron pocos los días que duró su llamado a la rectificación y al rencuentro del país, el mandatario ocultó el crucifijo con el que reapareció luego de los tumultuosos sucesos y, en mayo de 2002, los intentos de diálogo entre gobierno y oposición llegan a su fin como refleja la prensa el desencuentro entre medios y gobierno:

Ante la hostilidad de los representantes gubernamentales, el presidente-editor de *El Nacional* y el director general de Globovisión, Miguel Henrique Otero y Alberto Federico Ravell, respectivamente, decidieron retirarse del Palacio de Miraflores antes de que

___

107 *El Nacional*, 15 de abril de 2002.

finalizara la reunión que se efectuaba allí, la cual estuvo encabeza-
da por el primer mandatario Hugo Chávez Frías.[108]

Días después directivos de los medios dirigen una comunicación al Jefe del Estado fijando posición ante los desplantes
presidenciales:

> Usted nos amenaza y nos ofende e insiste en negar la realidad del
> país cuando afirma que "sin apoyo de la televisión no hubiesen
> podido realizar el golpe". Ya usted está tomando una posición pre-
> concebida contra los empresarios de la radio, la televisión y sus
> periodistas y trabajadores, sin dialogar". Firman la carta: Radio
> Caracas Televisión, Venevisión, Televen, CMT TV, Puma TV,
> Globovisión, Meridiano TV, Cámara Venezolana de la Industria
> de la Radiodifusión.[109]

Se inicia entonces una nueva etapa entre medios independientes y gobierno caracterizada por la crispación permanente, la cual tiene su punto culminante en mayo de 2007 con la
arbitraria y extrema decisión de cierre de RCTV, y continúa
hoy día con la espada de Damocles sobre el canal de noticias
Globovisión.

---

108 *El Nacional*, 15 de mayo de 2002.
109 *Quinto Día*, 11 al 14 de junio de 2002.

3. ACCIONES (IN)DIRECTAS

> "El asesinato, secuestro, intimidación, amenaza a los comunicadores sociales, así como la destrucción material de los medios de comunicación, violan los derechos fundamentales de las personas y coarta severamente la libertad de expresión. Es deber de los Estados prevenir e investigar estos hechos, sancionar a sus autores y asegurar a las víctimas una reparación adecuada".
>
> (Declaración de Principios sobre Libertad de Expresión, No. 9)

La canalla mediática

El triste y lamentable concepto que el presidente Chávez tiene de los medios de comunicación puede resumirse en un colosal maniqueísmo: o los medios se dedican a alabarlo, o son lacayos del imperialismo, oligarcas, golpistas, fascistas. No extraña entonces que la voz "canalla mediática" sea una moneda de curso corriente en casi todos los voceros del oficialismo cuando se refieren a los medios privados.

Catapultado a la escena política luego de su cruenta y fracasada escaramuza golpista, gracias a unos medios independientes que transmiten su desgraciadamente célebre "por ahora", el Jefe del Estado se ha mantenido durante el mayor tiempo de sus once años de gobierno en un permanente conflicto con los medios de comunicación. Con suma frecuencia realiza un rudimentario análisis de contenido de la información aparecida en los medios impresos, cuestiona la manera de titular y de ubicar las noticias, reclama la presencia de temas a su juicio más relevantes, critica la cobertura de los medios radiales y televisivos. Por regla general es suspicaz con las preguntas que le hacen los reporteros, a menudo considera que las preguntas tienen un "piquete", o bien no responden a un interés genuinamente periodístico sino a un "mandato del amo", el propietario del medio. O de Georges W. Bush, antes. Y, ahora, de Barack Obama.

Su talante frente a los medios de comunicación es de intimidación, cuando no de clara amenaza, lo que en atención al noveno principio de la Declaración de Principios sobre Libertad de Expresión "coarta severamente la libertad de expresión".

Es muy probable que el primer conflicto relevante que tiene el Gobierno, léase el presidente Chávez, con los medios sea el pleito con el periódico semanal *La Razón* por unos comentarios relacionadas con el litigio de la sucesión Capriles López, propietaria de los diarios *Últimas Noticias* y *El Mundo*, dirigido en esa época por Teodoro Petkoff, quien a la postre terminaría perdiendo su cargo como consecuencia de este *impasse* periodístico:

> Nuevamente se está dirimiendo en los tribunales el caso de la sucesión Capriles, especialmente en lo que respecta a los impuestos sucesorales. Hay disparidad de criterios entre el Seniat y los herederos del próspero editor. En el alto gobierno no se descarta la posibilidad de utilizar esta circunstancia para torcer la línea editorial de los diarios *Últimas Noticias* y *El Mundo*.[110]

Vale notar que lo publicado por *La Razón* lo ratifica una comunicación de uno de los propietarios de la Cadena Capriles a Santiago Alcalá, columnista de la sección "El Quirófano":

> Señor Santiago Alcalá: Lo que sí existe, y este es un tema que estoy seguro es de su interés, es una maniobra política por parte del Gobierno en contra de la familia Capriles López y en represalia por la línea editorial del diario *El Mundo*.[111]

---

110 Santiago Alcalá, "El Quirófano", diario *La Razón*, 28 de noviembre de 1999.

111 Comunicación de M.A. Capriles López, presidente de la Cadena Capriles, al diario *La Razón*, ibíd.

En consecuencia, tan temprano como diciembre de 1999, el presidente Chávez tiene su primer encontronazo con el Bloque de Prensa por el respaldo que este organismo da al periodista Pablo Ulacio, editor del diario *La Razón*, y por el señalamiento de que las amenazas e insultos del mandatario contra periodistas y medios de comunicación constituyen actos de violencia implícita:

> En un acto de la Universidad Nacional Experimental Marítima del Caribe, el Presidente rechazó un comunicado de solidaridad de la organización gremial con López Ulacio y dijo que no puede "tolerar que los oligarcas del Bloque de Prensa Venezolano estén ahora diciendo que detrás de esa decisión judicial está la mano del Presidente de la República". Y agregó: "Oligarcas temblad, ahora es cuando la revolución va para delante".[112]

En los años iniciales de su gobierno, el Presidente también la emprende contra Andrés Mata, propietario editor del diario *El Universal*, y la "horda de periodistas" que trabajan en el matutino, molesto por unas informaciones publicadas en el diario:

> Rectifique a tiempo, señor Mata. Usted y su horda de gente, allí, que manipula la información, porque esa sí es una horda que miente, que veja a hombres y mujeres dignos y humildes de nuestro pueblo.[113]

Las amenazas, insultos y tono intemperante del presidente Chávez rápidamente se constituyen en modelo de marca registrada del gobierno bolivariano respecto del desempeño de los medios de comunicación: toda denuncia o punto de vista crítico

---

112 *La Razón*, 26 de diciembre de 1999.
113 www.urru.org/papers/2001_AtentadosPeriodistas.htm.

es calificado como parte de un plan perverso contra el Gobierno, como parte de una "conspiración mediática".

Sin embargo el tono y talante de lo que será predominante en el Gobierno podemos apreciarlo en la declaración de uno de los más cercanos colaboradores del Presidente al comienzo de su mandato, el ministro de planificación Felipe Pérez:

> Después de tomar Pdvsa, el pueblo tomará el control de los medios de comunicación. *Los medios que transmitan las noticias de manera no sesgada y de manera optimista son los que van a sobrevivir.* Los que traicionen el interés del pueblo no pueden seguir transmitiendo en Venezuela.[114]

Por supuesto, la actitud y tono no es privativa del Presidente de la República, sino que prolifera como hongo silvestre en los distintos programas radiales y televisivos que gobernadores y alcaldes bolivarianos mantienen emulando al Comandante en Jefe. Para muestra un botón: el comentario de Eduardo Manuit[115], gobernador de Guárico, en el programa radial *Una hora con el Gobernador*, que se transmitía semanalmente en el dial 98.5 FM:

> En *La Prensa del Llano* acaban de contratar a otro periodista, Werner Córdoba... Allí están juntitos. Dios los cría y ellos se juntan. ¡Júntense todos los bandidos de un lado! ¡Yo no tengo miedo, caballeros! A ellos les dicen "los cagatintas". De verdad es vergonzoso hacer un periódico como ése, una basura como ésa... A veces dan ganas de salir por ahí y actuar como un hombre frente a esos cobardes (Córdoba y José Albornoz)... Vas a ir preso, Albornoz, y tú también, Córdoba.[116]

---

114 *El Siglo*, 21 de diciembre de 2002 (destacado nuestro).
115 Gobernador del estado Guárico, antiguo aliado del Gobierno. Hoy, perseguido político en el exilio, acusado de corrupción.
116 "Siete días", *El Nacional*, 11 de febrero de 2001.

Y las consecuencias de este lenguaje airado no se hacen esperar. Tres periodistas temen por sus vidas:

> Werner Córdoba, botado de la gobernación de Guárico acusado de filtrar noticias de corrupción, fue informado por un alto oficial de Poliguárico que era seguido por policías que habían sido expulsados de ese cuerpo y contratados como escoltas por el Gobernador; Luis Eduardo Bello denunció que el 25 de diciembre de 2000 lo intentaron atropellar con un carro cuyo conductor le advirtió de nuevos intentos, que el periodista relaciona con el Gobernador; José Albornoz (...) ha recibido ya varias amenazas.[117]

Es importante destacar la actitud vigilante que ha tenido el Sindicato Nacional de Trabajadores de la Prensa (SNTP) al denunciar reiteradamente el resquebrajamiento del clima de seguridad y tolerancia que debe privar para el ejercicio del periodismo y de la libertad de expresión, que se ha agravado, a juicio de su secretario general, Gregorio Salazar, con el surgimiento de heterodoxos procedimientos para descalificar y amedrentar, como lo es la utilización de Venpres (agencia oficial del Gobierno)[118] para enlodar la reputación de los profesionales que ejercen la opinión o investigación. Asimismo, vale la pena reconocer la consecuencia del SNTP también presente cuando las víctimas de las agresiones han sido comunicadores de los canales oficiales:

> La Junta Directiva del Sindicato Nacional de Trabajadores de la Prensa expresa su profunda preocupación por los hechos de violencia de los cuales fueron víctimas el miércoles 19 de noviembre Zaida Pereira, Edwar Escalona, Luis Espinoza, Angélica Méndez y Luis Guzmán, del canal oficial Venezolana de Televisión,

---

117 www.urru.org/papers/2001_AtentadosPeriodistas.htm

118 Fue convertida en Agencia Bolivariana de Noticias (ABN), actual Agencia Venezolana de Noticias (AVN).

cuando realizaban labores de cobertura periodística en la Plaza Francia de la urbanización Altamira. Este lamentable episodio se suma a los ya innumerables atropellos de los que han sido objeto los reporteros venezolanos en estos tiempos de radicalizaciones e intolerancia política y que desde el SNTP hemos condenado sin distingos, exigiendo respeto al trabajo y la integridad física de todos nuestros colegas".[119]

Finalmente, un caso que valdría la pena recordar, por el medio de comunicación y por el periodista involucrado, fue lo ocurrido con Eleazar Díaz Rangel a propósito de una noticia sobre el tema de la salud aparecida en la primera página del periódico *Últimas Noticias*. Si bien con frecuencia el Jefe del Estado ha comulgado con los enfoques del director del popular diario y valora particularmente sus comentarios y opiniones políticas, esto no lo ha exonerado de ser blanco de la ira presidencial.

El 21 de febrero de 2008 *Últimas Noticias* realiza un amplio reportaje sobre el sistema de salud metropolitano con destacada llamada en primera plana: "Salud en coma por falta de real".

Al día siguiente, en el marco del anuncio del lanzamiento del Sistema Metropolitano de Salud, y en cadena nacional, el Jefe del Estado, visiblemente molesto, criticó la cobertura del periódico y emplazó directamente a Díaz Rangel sobre el enfoque y cifras contenidas en el reportaje:

El presidente Hugo Chávez está ofreciendo una cadena nacional para replicar a la portada de hoy de *Últimas Noticias*. Chávez, a pesar de afirmar al principio que "él nunca presiona a los medios ni le gusta", ha arremetido contra el diario y ha afirmado que, en realidad, *ya no es diario del pueblo, porque a pesar de tener a un buen director* (Eleazar Díaz Rangel), *sus dueños* (familia Capriles) *son unos oligarcas*. Chávez ha replicado a la información del diario diciendo que *la salud en Venezuela no está en coma, sino todo lo con-*

<hr>

119 *El Nacional*, 24 de noviembre de 2002.

trario. Chávez ha dicho que no le gustaría volver a llamar al diario como se llamaba antes: "Últimas Mentiras".[120]

Lamentablemente, al otro día, el director del periódico pareció retractarse y con las mismas dimensiones en primera página (en realidad mayores si contamos la fotografía de Chávez mostrando la edición con su cuestionado titular), contrapesó el enfoque previo de su reportera Carolina Páez con las declaraciones del Presidente y tituló: "Chávez: La salud no está en coma", tal cual había reclamado el Jefe del Estado. Además Díaz Rangel se sintió en la obligación de una aclaratoria identificada como "De interés" publicada en esa misma edición:

> (...) necesarias explicaciones ante los señalamientos que hizo el presidente Chávez sobre *Últimas Noticias*. En primer lugar, decirles que nuestro título de primera plana, "Salud en coma por falta de real", es la versión ultimeña de las expresiones de la secretaria de Salud de la Alcaldía Metropolitana, quien calificó de "colapso funcional" la situación del sistema de salud de Caracas. Así lo dijo Luisana Melo: "Es una realidad que tenemos que asumir".[121]

Intimidación y chantaje por el Plan Bolívar 2000

En diciembre de 2001 las periodistas Ibéyise Pacheco, Marianella Salazar, Patricia Poleo y Marta Colomina denuncian intento de chantaje de parte del general Melvin López Hidalgo, presunto investigado por corrupción en el Plan Bolívar 2000[122]. El nombre del general López Hidalgo aparecía en un informe elaborado por la Dirección de Inteligencia Militar (DIM) que

---

120 Portal digital Noticias24, 22 de febrero de 2008

121 "De interés", *Últimas Noticias*, Eleazar Díaz Rangel, 27 de febrero de 2008

122 Plan gubernamental de asistencia, abastecimiento delegado por el Presidente a la Fuerza Armada Nacional, desestimando la intervención de las autoridades civiles electas por el voto popular. Fue cancelado bajo numerosas acusaciones de corrupción. No tenemos noticias de que alguien haya sido sancionado por esos hechos.

llegó a manos de las periodistas. De acuerdo con un informe de Provea, el oficial habría afirmado que daría a conocer "papelitos y faxes" en los cuales aparecerían comprometidas las comunicadoras[123].

Asalto al diario *El Nacional*

En lo que luego se articulará como una política sistemática de hostigamiento a los medios de comunicación, a comienzos de enero de 2002 representantes de círculos bolivarianos asedian las instalaciones del diario *El Nacional* exigiendo que "digan la verdad". La toma de la entrada del edificio termina en alteración del orden público y la intervención de la Policía Metropolitana. El Presidente de la República justifica y avala la presión de estos grupos contra los medios al declarar en actos públicos:

> Estoy seguro que el pueblo seguirá manifestando pacíficamente. Ahí no hubo violencia hasta que llegó el salvajismo de la Policía Metropolitana. (...) Ellos estaban ahí pacíficamente, pidiendo que los recibieran para decir la verdad, su verdad, cuando fueron atropellados por la policía.[124]

Recordemos que para esta época la Policía Metropolitana está bajo la responsabilidad de una autoridad municipal que, ahora, el Gobierno considera de oposición.

Métanse sus periódicos "por el bolsillo"

Apenas pasaron unos meses desde abril de 2002 cuando el teniente coronel Chávez apareció contrito, crucifijo en manos, reconociendo sus errores y convocando a la rectificación. Pero condicionado por sus reflejos naturales, los medios de comunicación no salen de la mira presidencial: el Jefe del Estado

---

123 Provea, Informe Anual, octubre 2001-septiembre 2002.

124 www.urru.org/papers/2002_AtentadosPeriodistas.htm.

advierte que el Gobierno revocará o suspenderá las concesiones de las estaciones de televisión o de radio que transmitan propaganda de guerra (sic).

Con frecuencia, en su programa dominical *Aló Presidente*, o en alocuciones en cadena nacional, el Presidente critica la línea editorial e informativa de medios audiovisuales e impresos y los acusa de ser voceros de la contrarrevolución. En una oportunidad, cuando celebraba, indebidamente en cadena nacional, un nuevo aniversario de su asonada golpista del 4 de febrero de 1992, solicitó una "pita"[125] para los diarios *El Nacional* y *El Universal*, los tildó de mentirosos y recomendó no comprar un solo ejemplar de esos diarios.

Con su habitual lenguaje procaz, aludiendo a una escatológica expresión popular venezolana, también declaró:

Ya no nos importa lo que hagan sus dueños (de periódicos), que los agarren y los enrollen bien enrollados y se los metan en el bolsillo.[126]

Asimismo, el presidente de la República, Hugo Chávez, refiriéndose al canal Globovisión, indicó la posibilidad de quitarle la concesión de la señal por la difusión de una noticia sobre la muerte de unos taxistas. Esa noticia, de acuerdo con la apreciación del Gobierno, originó una manifestación el 29 de septiembre de 2002 y causó una fuerte congestión de tránsito en Caracas.

Ellos son los dueños de los equipos, pero la administración del espacio electromagnético es un asunto de Estado. No les extrañe que por razones de interés nacional revise esas concesiones. No vayan a creer que porque estamos empeñados en que la revolución

---

125 DRAE: Expresión de desaprobación mediante pitos y silbidos.

126 (Literalmente: metérselos por el trasero.) Presidente Chávez en mitin en el Palacio de Miraflores.

avance por el camino de la legalidad y el respeto a los derechos de
la libertad de expresión –para nosotros sacrosanta– vamos a aceptar el abuso de la libertad...[127]

Ni siquiera en los actos oficiales su conducta logra sobreponerse a su animadversión hacia los medios. En el inicio de las actividades de la Escuela Bolivariana República de Bolivia, en septiembre de 2002, declaró:

Una verdadera perversión golpista y fascista está detrás de los
grandes medios de comunicación, con excepción de uno o dos; lo
demás no sirve para nada. Basura, basura es lo que es, sólo basura.
Mentira, perversión, inmoralidades.[128]

Y a las palabras de descalificación se suma la persecución, como denunció un subcomisario que renunció a la División de Servicios de Inteligencia (Disip), a quien el organismo policial ordenó el seguimiento y grabación de conversaciones telefónicas de algunos periodistas, entre otros Marta Colomina, Roberto Giusti, Irma Álvarez, Isabel Sánchez, Edgar López, César Miguel Rondón, Teodoro Petkoff[129].

Gustavo Cisneros: "Cabecilla del golpe de abril"

Bastante crudo e intimidatorio fue el tratamiento del teniente coronel Chávez con Gustavo Cisneros, propietario de Venevisión, a quien el Jefe del Estado acusa de liderar el golpe (sic) que lo sacó de Miraflores en abril de 2002. En su programa *Aló Presidente* del domingo 12 de enero de 2003 Chávez declaró:

---

127 Provea, Informe Anual, octubre 2001-septiembre 2002
128 *El Nacional*, 19 de septiembre de 2002
129 Denuncia de ex subcomisario de Disip en programas de televisión *24 horas*, Venevisión, y *La entrevista*, Televen.

Gustavo Cisneros fue el cabecilla del golpe de abril. Lo acuso. En la sede de Venevisión funcionó el comando del golpe, pero no ha habido hasta ahora un juez capaz de ponerle el cascabel al gato. El poder de chantaje de los medios es muy grande. Para mala suerte de ellos yo no soy chantajeable.[130]

Acusación bastante curiosa, por cierto, en virtud de la deferencia que recibe ulteriormente el propietario de Venevisión, beneficiario de una entrevista privada con el presidente Chávez en compañía del ex presidente norteamericano Jimmy Carter. A partir de entonces puede notarse un sensible cambio en la política editorial e informativa de Venevisión, con marcado impacto en la ausencia de sus tradicionales programas de opinión.

El 23 de diciembre de 2010, a apenas días de la aprobación de las reformas a la Ley Resorte y a la Ley Orgánica de Telecomunicaciones, en una aparición pública del teniente coronel Chávez para criticar la valiente actitud de los jóvenes universitarios que protestaron el madrugonazo legislativo para imponer una Ley de Educación Universitaria que cercena la autonomía de las universidades consagrada en la Constitución, el presidente Chávez reconoció las insuficiencias comunicacionales del sistema nacional de medios públicos (sic) y reconoció que Venezolana de Televisión no tiene el *rating* de Venevisión y que había felicitado a uno de sus directivos:

"Nosotros, eso tenemos que reconocerlo, no presentamos bien el mensaje (…) Venevisión es el canal que más se ve, eso está estudiado (…) hoy llamé a Bardasano [Carlos, presidente de Venevisión] para felicitarlo", señaló. [131]

---

130 Berenice Gómez Velásquez, *Últimas Noticias*, 13 de enero de 2003.
131 Portal digital Noticias 24, 23 de diciembre de 2010, 6:02 pm.

Sentencia presidencial a RCTV

El 28 de diciembre de 2006, en el acto de salutación navideña a la Fuerza Armada Nacional, el Jefe del Estado anunció la revocatoria de la concesión a RCTV. Ataviado de militar, Hugo Chávez, dirigiéndose a los propietarios y directivos del canal, declaró: "Es mejor que vayan preparando sus maletas. No habrá nueva concesión para ese canal golpista que se llamó Radio Caracas Televisión. Ya está redactada la medida, así que vayan apagando sus equipos". El tradicional saludo de Navidad a la Fuerza Armada Nacional, convertido por esta declaración en foro de una delicada controversia política, tuvo como agravante los convalidatorios aplausos de la cúpula militar.

Tampoco está de más recordar que este altisonante anuncio tiene como antecedente la ocasión en que el Presidente, igualmente en un recinto militar, mostrándonos su recién adquirido fusil Kalashnikov y apuntando al pequeño bombillo rojo de una cámara que indica que está encendida, declaró que había solicitado abrir un expediente a los canales de televisión. El otro "acto oficial" digno de mención es la publicación de un aviso del Ministerio de Comunicación e Información (Minci) publicado en la prensa nacional en el cual se informa la medida de no renovación de la concesión a RCTV basándose en una confusa citación de artículos de la Ley Orgánica de Telecomunicaciones y la referencia al artículo 58 (sic) de la Ley Resorte. Llama la atención, sin embargo, que dicha Ley Resorte sólo contiene 35 artículos.

En segundo lugar, vale la pena destacar lo que ya puede tenerse como un rasgo característico de la llamada revolución bolivariana, por lo demás común a todo régimen totalitario: la desnaturalización de reales y sentidas expectativas ciudadanas para usurparlas y colocarlas al servicio de un proyecto personalista y autocrático. ¿Quién puede negar que durante muchos años sectores importantes de la sociedad venezolana han manifestado un reclamo justo y legítimo por contar con una mejor calidad de los medios radiotelevisivos y, en particular, de la televisión? ¿Por qué el Gobierno, que dispone de importantes medios de comunicación, no es mínimamente consecuente con el artículo 108 de la Constitución que lo obliga a ofrecer a los venezolanos servicios públicos de radiotelevisión?

Apenas cinco meses después, el 27 de mayo de 2007, Conatel concreta la medida anunciada por el Jefe del Estado. Luego de cincuenta y cinco años de existencia, RCTV sale del aire por una decisión que la sociedad democrática califica de arbitraria, discriminatoria, que atenta contra el pluralismo de la opinión y la variedad e independencia de las fuentes de información de los venezolanos. El Informe de Human Rights Watch ofrece una buena y precisa perspectiva de lo ocurrido:

> El ejemplo más evidente de esta política de discriminación fue el trato que el Gobierno otorgó a Radio Caracas Televisión (RCTV), el canal de televisión más antiguo de Venezuela y un constante crítico de Chávez. Cumpliendo órdenes del Presidente, el Gobierno le dio un trato diferencial a RCTV –uno de los cuatro canales que Chávez había acusado de haber estado involucrados en el golpe– al negarse a renovar su concesión cuando ésta venció en mayo de 2007. Al mismo tiempo, el Gobierno renovó la concesión de Venevisión, un canal rival al cual también había acusado en reiteradas oportunidades de haber estado involucrado en el golpe pero que, desde entonces, había recortado su programación abiertamente crítica de Chávez.[132]

¿Quién informa a la colectividad venezolana de la tragedia de los humildes compatriotas que se crucifican en las calles de Caracas para llamar la atención del gobierno en procura de una vivienda digna? ¿Dónde nos enteramos del virtual genocidio de las cárceles venezolanas hacinadas de gente pobre? ¿Quién ventila la ineficiencia, el burocratismo y la corrupción del gobierno bolivariano? Los medios de comunicación que abordan

---

132 Informe de Human Rights Watch, septiembre de 2008.

estas complejas realidades no pueden ser satanizados de manera tan alegre, perversa y maniquea como medios de oposición. Por su propia naturaleza, en las sociedades democráticas los medios también cumplen una función fiscalizadora y de denuncia que es irrenunciable. La excusa de que la medida contra RCTV tiene como propósito democratizar los medios es tramposa y perversa. Analizado objetivamente, durante once años de revolución bolivariana el Estado ha sido incapaz de garantizar el ordenamiento del espacio público para una verdadera democratización de las comunicaciones en Venezuela y de ofrecer una oferta programática de calidad que marque pauta para una sana competencia.

Vale la pena recordar también que en la medida de cierre de RCTV el sistema de justicia operó de manera expedita contra el canal de televisión y, como ha dejado bien establecido el informe de Human Rights Watch, los tribunales no respetaron la libertad de expresión ni el debido proceso. Sin embargo, un ejemplo de cómo actúan articulados los poderes públicos cuando se trata de obedecer órdenes del Presidente de la República es el fallo del Tribunal Supremo de Justicia, del 25 de mayo de 2007, apenas dos días antes de concretarse la medida. En efecto, la Sala Constitucional del TSJ, en ponencia de la magistrada Luisa Estella Morales, mediante una medida cautelar ordenó que los equipos de RCTV (microondas, telepuertos, transmisores, equipos auxiliares de televisión, equipos auxiliares de energía y clima, torres, antenas, casetas de transmisión, casetas de planta, cerca perimetral y acometida eléctrica) "pasen temporalmente al Estado para garantizar que la señal del nuevo canal 2, denominado Televisora Venezolana Social (TVES) tenga alcance nacional".

De manera altamente sospechosa el Tribunal Supremo de Justicia admitió dos demandas por intereses difusos y colectivos, presentadas por asociaciones de usuarios, para autorizar a la recién creada cadena oficial TVES (que en su fase inicial sólo podría verse en Caracas y Maracaibo) la utilización de los transmisores propiedad del canal cerrado, por plazo indefinido y sin ninguna compensación. ¿De dónde sacó el TSJ esa lista tan prolija y precisa de equipos si no estaban detallados en la solicitud de amparo?

"Un robo", han calificado los propietarios y directivos del canal esta apropiación forzosa de sus equipos.

El cierre de RCTV sin duda alguna ha sido recibido como un duro mazazo a la vocación democrática de los venezolanos. Que más del ochenta y cinco por ciento de compatriotas (lo que incluye naturalmente a partidarios del Gobierno) rechacen la medida demuestra una vez más la naturaleza autoritaria del capricho presidencial de cerrar el canal de TV de mayor audiencia en el país.

Con todo, la medida contra RCTV debe ser analizada en un contexto de amplio espectro; no es sólo contra RCTV sino contra el propio concepto de medios libres e independientes, incompatibles con el llamado socialismo del siglo XXI. Tal como se anunció, lo de RCTV es sólo el preludio.

El cierre de CNB y las otras 33 emisoras de radio

No quisiera abusar de analogías musicales, campo en el que mis conocimientos son bastante precarios, pero automáticamente evoqué la asociación "preludio y fuga". Sin embargo, hay una acepción del vocablo "fuga", no en el ámbito musical, que puede resultar pertinente en el tema que vamos a tratar: "momento de mayor fuerza o intensidad de una acción, de un ejercicio, etc". En efecto, el primero de agosto de 2009 Conatel anunció una medida que potencialmente afectaba a más de 250 emisoras, aunque en esa ocasión dejó efectivamente fuera del aire a 34[133], entre ellas el emblemático circuito CNB, con cinco emisoras en Caracas, Valencia, Maracaibo, San Cristóbal y Coro, con audiencia popular y programación informativa y espacios de opinión críticos con la gestión de gobierno del pre-

---

133 Ver listado de emisoras en el anexo.

sidente Chávez. Recordemos, porque tiene interés, que CNB transmitía conjuntamente y en directo con Globovisión el programa *Aló Ciudadano*[134]

La decisión de Conatel, asumida como deliberada acción política, fue expresada por el ministro de Obras Públicas y presidente de Conatel, Diosdado Cabello, en una intervención en la Asamblea Nacional, vale citar, no en condición de funcionario interpelado, sino como "visitante":

> El ministro Cabello señaló, que con las actuaciones que ha venido realizando Conatel, en las últimas semanas, se acabará con el latifundio mediático que tanto daño le viene haciendo a la población, además de democratizar el espectro radioeléctrico. Asimismo, expresó que se ha cumplido con lo que el Ejecutivo Nacional ordenó al Ministerio de Obras Públicas y Vivienda, a sabiendas, que *esas acciones traerían consecuencias en el área de telecomunicaciones, y más específicamente en lo relacionado con el espectro radioeléctrico, que es uno de los pocos sitios donde la revolución no se ha sentido.*[135]

Aunque la excusa del Gobierno fue el supuesto incumplimiento de estos operadores con un censo del ente regulador y que el propósito último era la "democratización del espacio radioeléctrico", lo cierto es que meses después la frecuencia desde donde funcionaba CNB se transfirió a la Asamblea Nacional, es decir, al mismo Gobierno.

Nelson Belfort, vocero del grupo de emisoras CNB y por coincidencia para ese momento presidente de la Cámara de Radiodifusión, ha criticado fuertemente la medida, denunciado el sesgo político de la decisión y demandado la prevalencia del debido proceso para que las emisoras sean restituidas a sus dueños:

---

134 Uno de los programas bandera de Globovisión que transmite diariamente, de 6 pm a 9 pm, generalmente crítico de la gestión del Gobierno y que está abierto a las llamadas telefónicas de la audiencia.

135 Página web de la Asamblea Nacional (destacado nuestro).

La miembro fundadora del circuito, Raiza Istúriz de Belfort, afirmó que "estamos en una dictadura, nos están callando. El futuro es bien negro. Creo que la libertad de expresión ya no va a existir. Lo están haciendo un día como hoy donde no tenemos dónde recurrir ante ningún tribunal. Seguiremos defendiendo la democracia venezolana como lo hemos hecho hasta este momento".[136]

Operadores a lo largo y ancho del país cuestionan el uso discrecional que está haciendo el Gobierno de las frecuencias "liberadas", muchas de ellas inactivas, otras usurpadas por supuestas radios comunales que operan fuera de todo marco legal. En diciembre de 2009 venció el plazo para que el Tribunal Supremo de Justicia y Conatel dieran respuesta a los reclamos que 34 operadores de servicios radioeléctricos presentaron contra la medida de cierre, ausencia de fallo que los condena al limbo jurídico.

Y tal como anunció el ministro Cabello, desde entonces otras emisoras han caído bajo la picota del ente regulador (sic).

Renuncia de Alberto Federico Ravell

Para concluir este apartado vale la pena citar la controversial renuncia de Alberto Federico Ravell a la dirección del canal de noticias Globovisión, según se ha dicho, motivada en principio por presiones del alto gobierno, aun cuando públicamente se manifiesta que se debió a "diferencias irreconciliables" entre socios.

En la polémica pública salió a relucir la presunta compra de acciones del canal por parte de uno de los socios, Nelson Mezerhane, víctima a su vez de presiones gubernamentales que afectarían el Banco Federal, institución bancaria de su propiedad, adquisición que repercutiría en una modificación de la línea editorial e informativa del medio de comunicación. Al final la venta de acciones no se hizo realidad, Ravell dejó la dirección

---

136 Tomado de la página web de Globovisión.

del canal y Globovisión ha mantenido su línea editorial. Vale agregar que Guillermo Zuloaga, presidente del canal, también se ha convertido en un perseguido político del Gobierno, a raíz de unas opiniones emitidas en un evento de la Sociedad Interamericana de Prensa en Aruba:

> Globovisión informa al país de manera seria y responsable que este canal de información *no ha cambiado de accionistas, mantiene su línea editorial y no tiene propietarios distintos a los fundadores* originales hace quince años. Globovisión, como le ha caracterizado en sus quince años al aire, no cesará en su empeño por informar a los venezolanos y al mundo con la mística, el compromiso y respeto de siempre hacia nuestra teleaudiencia. Es esta la verdad que exponemos a toda la opinión publica con quien estamos comprometidos, y afirmamos: *Globovisión ni se compra ni se vende.*[137]

AUTOCENSURA Y FALTA DE PLURALISMO

El oxígeno indispensable de una democracia es la garantía de que todos los ciudadanos puedan expresar de viva voz o por cualquier medio su parecer de cuanto acontece en su vida cotidiana. Norma esencial de la vida democrática, evidente como es y consagrada en todas las legislaciones de las democracias modernas, no siempre supone un diálogo fluido entre los ciudadanos y el Estado.

En Venezuela son numerosos los ejemplos que muestran lo intolerante que pueden ser los gobiernos frente a la crítica de sus adversarios, como torcidos y perversos los mecanismos que se ponen en marcha para silenciar las opiniones adversas. Del pasado reciente podemos recordar con horror el fenómeno de Recadi[138]. En el presente, a pesar de la insistencia oficial de

---

137 Ibíd.

138 Sistema oficial de administración de divisas que derivó en un control indebido para premiar o castigar líneas editoriales e informativas de los medios privados.

que el gobierno actual ha sido muy respetuoso de la libertad de expresión, lo "dicho dista mucho del hecho".

Más allá de las constantes embestidas verbales del Presidente de la República contra los periodistas, del tono intimidatorio de su relación con estos profesionales, de las descalificaciones a columnistas, de las constantes interpelaciones —y en repetidos casos agresiones- a propietarios o directivos de medios de comunicación, son muchas las situaciones de coerción a los periodistas que han quedado en el limbo de la confusión, en la opacidad de lo sucedido, que le hacen muy flaco servicio al necesario y vital compromiso del ciudadano con la defensa de la libertad de expresión. Imposible de tener a mano un inventario de todos esos hechos, pero recordemos solamente, por emblemáticos, los casos de María Isabel Párraga en Marte TV, la visita a la Radio Guadalupana, la "invitación a Vanessa Davies a la Disip", la salida de Carlos Blanco de *Primicia*, el caso Petkoff en *El Mundo* y la discreta salida de Oscar Yanes de *La silla caliente*. Eventos en los que las explicaciones no han sido del todo claras y trasparentes y donde el ciudadano ha quedado con una extraña desazón que posibilita la coartada oportuna del régimen: se trata de un problema privado, entre patronos y empleados, y el Gobierno no tiene nada que ver con el asunto. Un caso, entre los emblemáticos, lo sucedido en su oportunidad con el programa *24 horas* de Napoleón Bravo. No sabemos, a ciencia cierta, por qué el periodista deja abruptamente un programa de alto *rating*. Y en lugar de explicación, clara y transparente, comiquitas. Comiquitas que no dan risa, por supuesto.

Los ciudadanos, y no sólo los periodistas y empresarios de los medios, tenemos la enorme responsabilidad de estar muy atentos a la más mínima acción gubernamental, o privada, que impida la libre expresión. En el mundo de hoy se hace cada día más imposible callar a un medio con tanques de guerra o comandos policiales. Pero existen mecanismos más sutiles y certeros que una metralla o una paliza, que, aparentemente, no dejan huellas. Por eso, sería prudente que cuando los teleespectadores encuentren una comiquita en lugar de su programa de opinión, no se rían. Que la cosa es seria[139].

Mención especial debe hacerse, en el campo televisivo, a lo ocurrido en Venevisión (vistoso por contraste con su anterior línea editorial más combativa) y Televen, canales que a partir de 2005 suspenden sus programas más controversiales y reorientan su línea editorial e informativa. Y, por supuesto, no ha dejado de levantar suspicacias que el día que se decide anular la licencia a RCTV se anuncie la renovación a Venevisión. ¿Castigo y premio?

> "Medios importantes, como fue el caso de Venevisión, moderaron sustancialmente su línea editorial", le dijo a BBC Mundo Andrés Cañizales, del Centro de Investigaciones de la Comunicación de la Universidad Católica Andrés Bello de Caracas. Venevisión o "el 4", es el otro gran canal de TV venezolana, junto a RCTV. Los analistas destacan que el canal 4 habría asumido una línea editorial "más suave" frente al Gobierno. El informe de los observadores de la Unión Europea en las elecciones de diciembre de 2006 asegura que la cobertura informativa de la televisora fue desbalanceada a favor del candidato-presidente. Cañizales afirma que se ha producido un "reacomodo sustancial del ecosistema mediático".[140]

En este sentido, otra dimensión importante para evaluar el cerco a la libertad de expresión es la disminución paulatina de los espacios de opinión en los medios radioeléctricos privados. Dejamos de lado en este enfoque evaluar cómo, en contrapartida, han aumentado en forma considerable los programas de opinión de funcionarios públicos en los medios estatales. Bastaría comparar el número de programas de opinión existentes

---

139 Ver "Comiquitas que no dan risa", Óscar Lucien, *El Universal*, 11 de mayo de 2000.

140 "¿Hay libertad de expresión en Venezuela?", Carlos Chirinos, BBC Mundo, 23 de mayo de 2007.

para el momento en que el Jefe del Estado inicia su administración y los programas existentes en el presente.

El cierre de RCTV, con la consecuente desaparición de *La entrevista*, conducida por el periodista Miguel Ángel Rodríguez, suma una notable pérdida a este cementerio de voces silenciadas, aunque en este caso se trata de censura en estricto sentido.

A manera de inventario no exhaustivo, algunos de los programas excluidos del paisaje audiovisual venezolano:

Marta Colomina
Programa: *La entrevista*
Canal: Televen

El conocido programa *La entrevista*, de Marta Colomina, salió del aire en febrero de 2005. Durante nueve años fue un foro permanente de debates, de crítica, de exposición de la pluralidad de la opinión política del país. Si bien mantuvo una posición claramente crítica, también permitía la expresión de voceros oficiales y/o oficialistas. Sale del aire por las presuntas presiones del Gobierno a Omar Camero, propietario de Televen, justificadas o relacionadas con los acomodos impuestos por la entrada en vigencia de la Ley Resorte. El día de su último programa, decenas de personas se acercaron a la televisora para manifestar su solidaridad con la conductora del programa, quien se considera víctima de la que denomina "ley mordaza". El 27 de febrero de 2005 Colomina admite al diario *Notitarde*[141] que "Me sacaron de Televen por presiones del Gobierno". La periodista Ibéyise Pacheco al solidarizarse públicamente con su colega confirma la existencia de esas presiones:

---

141   Matutino regional que se edita en Valencia, estado Carabobo, y circula en Aragua, Cojedes, costa oriental de Falcón y Yaracuy. Mantiene una línea editorial e informativa independiente.

Lamento la salida de nuestra colega Marta Colomina de Televen (...) Conocidas eran las presiones del Gobierno. Llamadas constantes de ministros lograron primero hacer desaparecer los comentarios iniciales de Marta en su programa sobre los titulares de prensa, para luego reducir a media hora el espacio original. Es pertinente recordar que Marta tiene una medida cautelar de la Corte Interamericana de Derechos Humanos, que además de exigir que se le garantice su integridad física ordena que se respete su derecho al ejercicio profesional y la libertad de expresión. El gremio debe reaccionar.[142]

César Miguel Rondón
Programa: *30 minutos*
Canal: Televen

Otro icono de la opinión crítica, mesurada e inteligente sale del aire en abril de 2005. El programa *30 minutos*, conducido por César Miguel Rondón, que durante cinco años produjo poco más de 1.200 programas por Televen y fue constituyendo un valioso acervo de la opinión política del país, sorpresivamente llegó a su fin. Aunque se sospecha de la presencia de los mecanismos de censura indirecta y de autocensura, la planta anunció que la decisión de cancelar el programa fue tomada de común acuerdo con Rondón.

Orlando Urdaneta
Programa: *Titulares de mañana*
Canal: Globovisión

Este programa donde el conocido animador y actor ofrecía una lectura crítica de la información de prensa, amenizada con su irónica y mordaz opinión, llega a su fin en 2004. Posteriormente, el programa es reelaborado y se mantiene bajo otro formato, menos controversial, de lectura de los titulares más

---

142 Ibéyise Pacheco, "En privado", *El Nacional*, 18 de febrero de 2005.

revelantes de la información de la prensa del día siguiente, conducido por el periodista Pedro Luis Flores.

Napoleón Bravo
Programa: *24 Horas*
Canal: **Venevisión**

El 4 de mayo de 2004 sale del aire el programa matutino *24 horas*, conducido por Napoleón Bravo, y en su lugar Venevisión coloca una programación de dibujos animados. En declaraciones públicas Bravo sostiene que la suspensión del programa es el resultado de las presiones del Gobierno a los directivos de Venevisión por la línea editorial crítica de su programa:

> Respecto a si ha habido o no presión del alto gobierno sobre los contenidos de programación de Venevisión, en especial, de *24 horas*, advirtió (Napoleón Bravo) que "hay presión en todos los medios, especialmente los radioeléctricos, y cada quien trata de adaptarse a la Ley de Medios que están discutiendo en la Asamblea Nacional y que va a ser aprobada porque vivimos una dictadura".[143]

El presentador de *24 horas*, Napoleón Bravo, denunció haber recibido amenazas anónimas que fueron identificadas como provenientes de una agencia de seguridad estatal, y declaró que el canal había cedido a presiones del Gobierno. Aunque algunos dudaron de las aseveraciones de Bravo, Venevisión trasladó al periodista al estado de Florida, en los Estados Unidos, donde se le encomendó la producción de cinco programas sin contenido político. Poco después del incidente con Bravo, Venevisión eliminó toda su programación política.[144]

---

143 *El Universal*, 14 de octubre de 2004.
144 Venezuelan Briefing: Radio Chávez, Marylene Smetz: CPJ, s/f.

Ibéyise Pacheco
Programa: *En privado*
Canal: Venevisión

Con el mismo nombre de su columna en el diario *El Nacional*, *En privado*, el programa de entrevistas y de opinión, se
transmitía los días jueves, después del noticiero por Venevisión. Caracterizado por su posición crítica frente a las políticas
del oficialismo, salió del aire después de los sucesos de abril
de 2002, luego del cambio radical de la línea editorial e informativa del canal y del supuesto y criticado avenimiento con el
gobierno nacional.

Asdrúbal Aguiar
Programa: *En profundidad*
Canal: CMT

El programa *En profundidad*, de Asdrúbal Aguiar, abogado, político, ex gobernador de Caracas y ex ministro durante
el último gobierno del presidente Caldera, transmitido durante
tres años y medio por CMT, fue sacado del aire sin ninguna
justificación pública, en marzo de 2005. De hecho el propio
conductor se enteró de la medida en el set de grabación cuando
se presentó a grabar la emisión pautada para ese día. El programa se transmitía todos los miércoles a las 11:30 pm. Los
responsables del canal mantuvieron absoluto hermetismo sobre
la decisión de no continuar con el programa. En el presente,
CMT también ha desaparecido y la señal por donde salía este
canal privado ha sido tomada por el Gobierno, que la destina al
oficialista Telesur.

Idania Chirinos
Programa: *Espejo público*
Canal: CMT

Conducido por la periodista Idania Chirinos por CMT,
este programa también sale del aire a mediados de 2005.

Teodoro Petkoff
Programa: *Y Teodoro ¿qué dice?*
Canal: CMT

Programa de opinión del agudo y polémico Teodoro Petkoff, editor del diario *Tal Cual,* se transmitía todos los lunes a las 10 pm. Dejó de transmitirse en 2005.

Idania Chirinos/Vladimir Villegas
Programa: *Contrapeso*
Canal: Canal I

Diseñado bajo el concepto de "disentir con inteligencia", *Contrapeso* se transmitía de lunes a viernes a las 9 pm. Los periodistas Idania Chirinos y Vladimir Villegas contraponían sus visiones del acontecer político venezolano y las confrontaban con entrevistados de una y otra tendencia. Sale del aire a mediados de 2009.

Gracia Elena Candela
Programa: *Canal abierto*
Canal: Venezolana de Televisión

Canal abierto, en sentido estricto, nunca existió, pero vale la pena reseñar esta singular forma de censura. Aprobado el espacio durante la presidencia del saliente José Vicente Rodríguez, estaba anunciada y promocionada su puesta al aire para el miércoles 20 de marzo a las 8:00 de la noche, bajo la conducción de la periodista Gracia Elena Candela. Sin embargo, previamente se envió copia de los primeros cinco programas al Palacio de Miraflores, pues aunque el proyecto estaba aprobado todavía no contaba con el aval del recién designado presidente del canal oficial, Jesús Romero Anselmi. Sin ninguna explicación el programa fue cancelado. Su productora fue la primera sorprendida.

Marianella Salazar
Programa: *Con cierta ligereza*
Emisora: Jazz 95.5 FM

Durante once años condujo Marianella Salazar por Jazz 95.5 FM su programa *Con cierta ligereza*, magazine heterodoxo con información sobre discos, libros y revistas, y, en su particular registro irónico e incisivo, crítica y opinión sobre diversos temas de la actualidad nacional. A comienzos de 2004 el programa es cancelado, luego de que la emisión había sido literalmente invadida de propaganda gubernamental, y aunado a la velada presión o autocensura de los propietarios de la emisora:

> El programa radial que mantuve durante 11 años por Jazz 95.5 FM no saldrá más al aire. El bombardeo de la propaganda oficial y la "sugerencia" que debía ser comedida en mis comentarios hacia Hugo Chávez, Diosdado Cabello y Jesse Chacón –lo cual no acepté– fueron el motivo de mi salida. No se puede pedir respeto por unos personajes que han irrespetado tanto a los venezolanos.[145]

Isa Dobles
Programa: *Reencuentro de medianoche*
Emisora: CNB 102.3 FM

Conducido junto a José Bartolomeo, era una emisión de tono más bien intimista donde los periodistas oían confesiones y opiniones de sus oyentes. Sale del aire en diciembre de 2004.

Ruth Chacón
Emisora: Color 99.5 FM (Aragua)

De acuerdo con una decisión aparentemente empresarial y de dominio privado, pero que muchos asocian a solidaridades automáticas con el mandatario regional, Didalco Bolívar, Ruth

---

145   Marianella Salazar, *El Nacional*, 2 de enero de 2004.

Chacón, quien se desempeñaba como locutora en la emisora, cesó sus actividades en Color 99.5 FM en octubre de 2005:

La locutora Ruth Chacón, de Color 99.5 FM, la emisora de Alejandro Ramírez, uno de los "socios" comunicacionales y de otros negocios más, de Didalco Bolívar, fue sacada del aire, porque se atrevió a sacar en vivo las demandas de sus oyentes, que son muchos y me consta, que pedían referendo revocatorio para el Gobernador. ¿Y la libertad de expresión? ¿Y el derecho al trabajo?.[146]

Si bien menos condicionado por el asunto de concesiones y habilitaciones administrativas propias de los medios audiovisuales, también al mundo de los impresos han llegado los tentáculos de la censura. Aunque destacaremos los casos más emblemáticos, el de Teodoro Petkoff y el de Francisco "Kiko" Bautista, muchas son las presiones y los intentos de descalificación que reciben los diarios venezolanos, y en particular, *El Nacional*, *El Universal*, *Correo del Caroní* y *Tal Cual*.

Teodoro Petkoff

Un cambio radical en la línea editorial e informativa del popular vespertino de la Cadena Capriles, una apuesta por la ampliación hacia los estratos medios de la sociedad venezolana capitaneó Teodoro Petkoff al frente de *El Mundo*. Pero no por mucho tiempo. Luego de ocho meses como director del periódico, el 21 de diciembre de 1999 es obligado a renunciar por presiones, según se denuncia, del teniente coronel Chávez:

Al explicar la decisión de renunciar a la dirección de *El Mundo* dijo que "en forma obscena el Gobierno presionó a la familia Capriles

---

146 Noris Valero Altuve, "Desde el Palacio", *El Siglo*, 13 de octubre de 2005.

para torcer la línea editorial de *El Mundo* (…) El pretexto para el chantaje ha sido el problema patrimonial que envuelve a la mencionada familia.[147]

Considero de particular interés citar la opinión de Eleazar Díaz Rangel en esa oportunidad, recogida en un reportaje del portal digital *Venezuela Analítica*:

Una de las cosas que más me preocupan del desenlace de este proceso que termina con la dirección de Teodoro Petkoff de la conducción de *El Mundo* es que esto debe ser leído, interpretado como una campanada para todos los medios de comunicación, comenzando con los audiovisuales, que son los más frágiles porque dependen de reglamentos que maneja el Estado. Esta no es la primera vez que ocurren circunstancias como esas en las que el Gobierno con mecanismos aparentemente imperceptibles, como fueron los que utilizó Lusinchi en los años 84 y 88, silencia a todos: al bloque de prensa, cámara de la radio y de la televisión.[148]

Francisco "Kiko" Bautista

Luego de la salida de Petkoff lo sucede en la dirección de *El Mundo* el periodista Francisco "Kiko) Bautista, quien, también en su oportunidad, debe dejar el periódico bajo confusas y penosas circunstancias, de censura o autocensura, relacionadas con la publicación de los resultados de una encuesta realizada por la Universidad Central de Venezuela.

---

147   *La Razón*, 26 de diciembre de 1999.
148   Portal digital *Venezuela Analítica*.

4. AGRESIONES DIRECTAS A MEDIOS Y PERIODISTAS

Un observador externo en pasada rasante por el país puede llevarse una impresión bastante engañosa sobre el real estado de la libertad de expresión. Puede leer en los diarios impresos, ver en algunos programas de televisión y oír en la radio alguna posición crítica sobre la gestión del Gobierno, sobre la crítica situación de la salud pública, los déficits en la construcción de viviendas para los más pobres, sobre el terrible drama de la criminalidad que coloca a Venezuela entre los países más violentos del planeta, con más de 150 mil homicidios por armas de fuego en los once años de la administración de Hugo Chávez[149]. Más aun, es cierto, puede leer, ver u oír alguien expresándose en un tono destemplado respecto del Presidente de la República o de un alto funcionario del Gobierno.

Si este hipotético observador externo mantiene una posición no parcializada, seguramente también tendrá la oportunidad de ver (su frecuencia de aparición en la TV es sumamente alta) al Jefe del Estado despotricando contra los medios de comunicación. Sea dictando cátedra sobre ética de las comunicaciones, criticando la posición editorial de algún medio de comunicación, reaccionando agresivamente sobre la forma que un medio hizo la cobertura de un evento oficial. Quejándose, incluso, de

---

149 Ver Informe del Laboratorio de Ciencias Sociales, Universidad Central de Venezuela, dirigido por el sociólogo Roberto Briceño León, basado en cifras de organismos oficiales.

la titulación. Lo que quiero poner de relieve es que si bien es cierto todavía quedan lagunas que han sobrevivido a las intimidaciones, a la autocensura, al cerco impositivo o publicitario, los periodistas venezolanos, y los medios en general, deben ejercer su oficio en un constante clima de tensión ante el verbo encendido del Presidente, o la descalificación permanente de algún vocero de su gobierno. Y este clima, generado en la máxima instancia oficial del país, tiende a "naturalizar" una indeseable situación de intimidación o amenaza que restringe el ejercicio de la libertad de expresión en nuestro país. En efecto, el principio 9 de la Declaración de Principios sobre Libertad de Expresión de la Comisión Interamericana de Derechos Humanos establece que la intimidación, como la amenaza expresa, viola derechos fundamentales de las personas y coarta gravemente la libertad de expresión. Estima, asimismo, este principio, que es un deber de los estados prevenir e investigar estos hechos y sancionar a sus autores. Pero, ¿qué ocurre cuando la amenaza o la intimidación provienen de la más alta esfera del Poder Público? Quiéralo o no, la alta magistratura gubernamental crea un modelaje agresivo, de confrontación, que orienta la actuación oficialista respecto de los medios de comunicación.

¿Cuántas veces el Jefe del Estado no ha calificado de estúpida una pregunta de un periodista? ¿Cuántas veces no ha calificado como lacayo del propietario a un comunicador social, venezolano o extranjero, si le inquiere sobre algo que no es de su agrado? En los días que terminaba de escribir este capítulo ocurrió un caso emblemático: un periodista de la BBC invitado al programa *Aló Presidente* manifiesta al Jefe del Estado una inquietud que se comenta en Londres, que por cierto es también un tema de alta preocupación y rechazo en Venezuela: ¿por qué la ciudad más cara, Londres, de un país rico, Inglaterra, recibe combustible subsidiado de un país pobre, Venezuela? El Presidente, como es habitual, montó en cólera, consideró que esa pregunta era estúpida y declaró que él no iba a responder estupideces:

"Tonto y estúpido" le pareció al presidente Chávez que un periodista le preguntara por qué no se había reunido (en su visita a Londres) con el primer ministro Tony Blair.[150]

Como en otras oportunidades la comunidad de corresponsales extranjeros fue mudo testigo de esta rabieta presidencial.

En febrero de 2005, en un acto de entrega oficial de equipos a medios alternativos (sic), el ministro de Comunicación e Información de turno, Andrés Izarra, hizo una declaración pública de lo que se define como una política oficial: proclamó la batalla de las ideas, la guerra ideológica. Advirtió Izarra: "Ya basta el protocolo con la prensa que envenena. Yo, desde aquí, los mando al infierno":

> Son fundamentales los medios comunitarios para ponerle un coto y decir ya basta a los atropellos de la gran prensa comercial trasnacional y sus lacayos locales. Estamos cansados de enviarles cartas, de reunirnos con ustedes, de decirles que están descontextualizando, mintiendo, manipulando y tergiversando. Ya basta de hacerles *lobby* para explicarles lo que aquí pasa, agregó el titular del MCI durante el discurso pronunciado en el Salón de Eventos de Pdvsa.[151]

Los días (y noches) duros

La tensa calma de los meses siguientes a los sucesos de abril de 2002 desembocó en una serie sistemática de amenazas y agresiones directas contra periodistas, propietarios y asaltos a las instalaciones físicas de los medios de comunicación, impresos y radioeléctricos, considerados enemigos del proceso (sic).

Artefactos explosivos de fabricación casera, bombas incendiarias y granadas impactan con frecuencia en las instalaciones y vehículos de medios de comunicación. Con el agravante de

---

150 *El Universal*, 16 de mayo de 2006.
151 *El Universal*, 25 de febrero de 2005.

la nocturnidad en muchos casos, las emisoras de circuito radial que integran La Mega (Unión Radio 1090, Ondas y Éxito) el diario *El Nacional*, *Así es la Noticia*, Globovisión, Promar TV, reciben los impactos de la violencia terrorista. También ocurre el hostigamiento por las amenazas con el caso del diario *Correo del Caroní*. El relato recogido por el diario *Así es la Noticia* es más que elocuente de esos días de acoso:

> Pasadas las 2:30 de la tarde (del día 03 de junio), gritando consignas a favor del régimen y armados con botellas, palos, piedras, extintores y cualquier otro objeto contundente, los chavistas se aglomeraron frente al diario *Así es la Noticia* y emprendieron ataque contra las instalaciones, sin importar el personal obrero y de transporte ubicado en el estacionamiento. Los trabajadores de redacción, publicidad, personal obrero y administrativo tuvieron que ser evacuados por una vía interna. El grupo (de atacantes) entró de lleno sin compasión. Saltaron por la parte de distribución y se apoderaron del lugar. Allí vino el acabose: computadoras, sillas, escritorios, impresoras, teclados, en fin: cualquier elemento utilizado en una oficina quedó literalmente destrozado. El resultado: vidrios por doquier, portón eléctrico de la entrada al estacionamiento totalmente destruido, vidrios de las ventanas partidos, la oficina de publicidad totalmente en el piso, computadoras, sillas, escritorios, impresoras, ventanas, puerta principal, papeles regados, objetos personales. La puerta de vidrio del periódico, aquella que también fue víctima de un niple hace unos tres años, fue destruida nuevamente.[152]

También se producen visitas intimidatorias o diligencias administrativas ante medios de comunicación que generan un clima permanente de tensión y acoso:

> ...grupos de afectos del Gobierno iniciaron una ola de intimidación

---

152 *Así es la noticia*, 06 de junio de 2004.

hacia varios medios de comunicación social, entre ellos los canales nacionales Globovisión, RCTV, Meridiano Televisión y Venevisión, así como el diario *El Aragüeño* y el canal regional TVS, de Aragua, Promar Televisión de Barquisimeto y Globovisión Zulia (también el terrorismo alcanzó a la Televisora Regional del Táchira, Teleoriente de Anzoátegui, Telecaribe en Aragua, Televisión Falconiana, Televisora del Llano y Televisora Andina, entre otras, además de numerosas estaciones de radio). El diario *El Nacional* también fue asediado cerca de la medianoche. La acción coincidió con el retiro de los funcionarios de la Disip que custodiaban las sedes informativas. Alarmado por la situación, el secretario general de la OEA, César Gaviria, emitió una declaración urgente en la que exigió a las autoridades tomar medidas para que cesen las amenazas.[153]

En el caso del diario *Correo del Caroní* se recurrió a una particular argucia: el Consejo Legislativo del estado Bolívar se dirige a la Alcaldía de Caroní, ambos entes en manos del oficialismo, con un procedimiento administrativo de desalojo y demolición en los terrenos e instalaciones de la empresa Roderick (editora del diario *Correo del Caroní*), así como el retiro de la patente de comercio. Estas acciones, igualmente, reciben el respaldo del Ministerio de Información y Comunicación.

Caso Catia TV

En medio del tenso clima de polarización que vive la sociedad venezolana, el confuso cierre de la emisora comunitaria Catia TV también mueve las voces de protesta en defensa de la libertad de expresión. Los responsables de la emisora denuncian que fueron desalojados de las instalaciones que ocupan en el piso 5 del Hospital de Lídice de la parroquia Sucre. Del lado de los acusados, los funcionarios de la Alcaldía Libertador, a cargo de esa edificación, responden que se trata de un malentendido

---

153 *El Nacional*, 10 de diciembre de 2002.

y que en ningún momento intentaron coartar las labores de la emisora. Con todo, la interrupción de labores de la televisora comunitaria tiene eco internacional:

> La organización Reporteros sin Fronteras (RSF), con sede en París, denunció este martes el cierre del canal comunitario venezolano Catia TV y pidió explicaciones al alcalde metropolitano de Caracas, el opositor Alfredo Peña.[154]

A los pocos días los obstáculos para el funcionamiento de Catia TV fueron superados y la emisora pudo continuar sus labores normalmente. Asimismo, comunicadores sociales identificados con el oficialismo o empleados de medios oficiales denuncian insultos y ataques en su contra, los más frecuente bajo la modalidad de "cacerolazos".

En la red circula una página con textos infamantes contra periodistas identificados con el sector oficial. El director para ese momento de VTV, Jesús Romero Anselmi, es hostigado mediante cacerolazos en su residencia[155].

Las 4 jineteras del Apocalipsis

De la misma manera que se repiten ataques y permanentes críticas a las políticas editoriales de los medios impresos, particularmente de los periódicos *El Nacional*, *El Universal* y *Tal Cual*, por parte del presidente Chávez, asimismo son incontables las ocasiones en que el Presidente ha amenazado a los canales de televisión con la suspensión de la licencia o la anulación de las habilitaciones administrativas necesaria para sus operaciones. Lo que puede calificarse como consustancial al ADN de su gobierno se agudiza a partir de la crisis de abril de 2002. El argumento del "golpismo", curiosa acusación proveniente de alguien con antecedentes criminales por su escaramuza golpis-

---

154 *El Siglo*, 17 de julio de 2003.
155 Comunicado de prensa del SNTP, *El Nacional*, 20 de febrero de 2003.

ta de 1992 contra el gobierno constitucional de Carlos Andrés Pérez, se convierte en la piedra filosofal de su política y de su animadversión hacia los medios de comunicación con políticas editoriales e informativas independientes. Como sabemos, lo que algunos consideraban arranques temperamentales del Presidente se concreta efectivamente el 28 de mayo de 2007 con el cierre de RCTV. Pero las amenazas tienen un largo historial.

El partido Patria Para Todos[156], de la alianza gubernamental, a comienzos del año 2003 anuncia que buscará firmas por todo el país para pedirle al Consejo Nacional Electoral (CNE) que prepare un referéndum para solicitarle a la población su acuerdo para suprimir el permiso de operaciones a Globovisión, Televen, Venevisión, RCTV y CMT.

Igual iniciativa lideró la diputada del MVR Iris Varela, conocida por su encendido verbo y su talante pendenciero como "La Fosforito", quien acompañada de un grupo de simpatizantes oficialistas se presentó ante el Tribunal Supremo de Justicia para solicitar la suspensión de las concesiones de señal a las televisoras privadas. Expresó la diputada en esa ocasión:

> Si el TSJ no hace lo que tiene que hacer (...) el pueblo venezolano va radicalizar aun más sus acciones y vamos no a tomar justicia por nuestras propias manos, sino vamos nosotros mismos a ir a los medios de comunicación comerciales y a colocarnos verdaderamente en asamblea al servicio del pueblo.[157]

Pocos días después el Jefe del Estado avala la acción de sus partidarios:

> "Los dueños de las televisoras tienen un permiso que, igual que se les dio, se les puede quitar si continúan su empeño irracional

---

156 En mayo de 2010, el PPT se retira de la alianza criticando la deriva autoritaria del gobierno de Chávez.

157 *El Siglo*, 09 de enero de 2005.

de darle pie a la subversión fascista y en su propósito de derrocar al Gobierno. Esa concesión pertenece al Estado venezolano. He ordenado revisar el ordenamiento jurídico, porque si ellos no recuperan la normalidad, si tratan de quebrar el país, yo estaría obligado a revocarle la concesión" afirmó el mandatario, quien acusó a Gustavo Cisneros (Venevisión), Marcel Granier (RCTV), Omar Camero (Televen), Alberto Federico Ravell y Guillermo Zuloaga (Globovisión) de ser los "4 jinetes del Apocalipsis" que apoyan a los golpistas a través de una "guerra mediática".[158]

A lo largo del tenso año 2003 no cesa la amenaza presidencial:

El presidente Hugo Chávez afirmó ayer que el Estado ha tenido razones suficientes para revocarles la concesión a los canales de televisión 2 (RCTV), 4 (Venevisión), 10 (Televen) y 33 (Globovisión), a los que acusó de haber promovido y dirigido el golpe de Estado del 11 de abril de 2002. Aseguró que si en Venezuela "hubiese una rigurosa aplicación de la justicia, como habrá algún día, los dueños de esos cuatro canales deberían estar en prisión, así como algunos periodistas y trabajadores que se prestaron al juego golpista".[159]

Se amenaza, también, en la plaza pública, en los actos proselitistas:

El presidente de la República, Hugo Chávez Frías, durante el discurso que ofreció ayer en la avenida Bolívar (...), reveló que en la víspera ordenó a sus subalternos y al Alto Mando Militar que, "si los golpistas intentan embochinchar de nuevo al país", no dudaran en (...) *tomar militarmente a los cuatro principales canales de televisión privados* (...) Y dije también, esa misma noche, al ministro Diosda-

---

158 *El Nacional*, 13 de enero de 2003.
159 *El Nacional*, 05 de julio de 2003.

do Cabello y a Jesse Chacón, al más pequeño asomo de las cuatro jineteras del Apocalipsis, como los llama Fidel, de apoyar cualquier plan golpista, *me le tumban las señales y toman militarmente las instalaciones de esos canales.*[160]

Incluso se amenaza desde las propias instalaciones militares:

En el mismo instante en que haya demostración evidente que un canal de televisión va a comenzar de nuevo a tratar de alebrestar al país, a llamar a desconocer las autoridades o a impulsar sabotajes contra instituciones, será sacado del aire y sus instalaciones serán tomadas militarmente.[161]

Del dicho al hecho: el caso Colomina

En los elaborados y exhaustivos informes de Espacio Público puede encontrarse un registro documentado, apoyado en una categorización y tipología de las distintas violaciones a la libertad de expresión: hostigamiento judicial, intimidación, hostigamiento verbal, agresión, amenaza, censura, ataque, restricción administrativa. En los copiosos listados de sus informes anuales, el capítulo agresión contabiliza más de ochocientos atentados contra comunicadores sociales.

Me detendré en la referencia a Marta Colomina porque sin duda alguna ella representa el emblema de la periodista incómoda para el régimen. Con sus millares de seguidores que la siguen a capa y espada y, como contrapartida, quienes abominan de ella desde el Gobierno y sus simpatizantes, Colomina es frecuente víctima no sólo de descrédito sino de agresiones directas. Ha sufrido la descalificación y el escarnio permanente en los medios oficialistas, ha sido víctima de la autocensura de los medios en los cuales labora (fue retirada de la conducción

---

160 *El Nacional*, 24 de agosto de 2003.
161 90 aniversario del Grupo de Artillería Ayacucho, *El Nacional*, 30 de agosto de 2003.

del programa *La Entrevista* por Televen, limitada en sus espacios de Unión Radio), atacada con bombas lacrimógenas en su propio hogar. Como botón de muestra señalemos lo ocurrido a mediados de 2003.

Redactora cotidiana de noticias, paradójicamente el 27 de junio de 2003, cuando se celebra el Día del Periodista, la comunicadora social fue víctima de un atentado terrorista. Como reseña la prensa, la profesora fue interceptada por un grupo de ocho encapuchados en la avenida Rómulo Gallegos, en Caracas, quienes causaron destrozos en su vehículo aunque ella, afortunadamente, salió ilesa:

> Amenazada múltiples veces, incluso de muerte, tanto vía telefónica como a través de escritos, por quienes se identificaban como partidarios del Gobierno, el día 27 de junio de 2003 (Día del Periodista) fue víctima de un atentado cuando se dirigía en su vehículo, a las cinco de la mañana, hacia el canal de televisión Televen con la finalidad de presentar su programa de opinión. Uno de los ocho hombres que portaban armas de guerra (distribuidos en dos vehículos) lanzó una bomba molotov (elaborada con un botellón de vidrio de los que se utilizan en las oficinas) que estalló en el vidrio delantero del vehículo en el que viajaba Colomina, el cual se astilló y no se fracturó porque estaba protegido con capa anti-motines.[162]

Y aunque el Ejecutivo Nacional, en palabras del vicepresidente José Vicente Rangel, condenó el atentado, no se ahorró la descalificación de la cobertura informativa del incidente:

> Las informaciones sesgadas aparecidas en diversos medios de comunicación, que atribuyen a priori la autoría del hecho al sector oficial, no contribuyen al esclarecimiento del mismo. La experiencia respecto a recientes episodios de violencia, manejados tenden-

---

162 Informe de Human Rights Foundation.

ciosamente, debería servir para que la información periodística tuviese un verdadero sentido de responsabilidad, en vez del manejo de versiones acomodaticias que sólo contribuyen a la siembra de confusión y a señalar responsables sin fundamento alguno.[163]

Y más allá de este reclamo, de especial significación por la alta investidura y trayectoria del vocero, vale la pena destacar la posición de otro alto funcionario del Gobierno y muy cercano al entorno presidencial, el ministro de Infraestructura Diosdado Cabello:

"A todas esas denuncias sobre esos atentados le antepongo el 'supuesto', subrayado, en negrillas, entre comillas, en colores resaltantes, porque, honestamente desde hace tiempo no creo absolutamente en esas denuncias de que me asaltaron, me dispararon a mi carro, me querían quemar, me pusieron una bomba. Es un libreto donde invariablemente la responsabilidad se la endosan a Chávez, a los 'círculos del terror', comentó el ministro (de Infraestructura, Diosdado Cabello, al comentar el atentado contra Marta Colomina) (...) "Que me diga esa dama (Colomina) o cualquier otro, tuve un atentado; de una vez le pongo el 'no creo' al direccionamiento que tratan de imponerle". El funcionario cree que este hecho luce obvio y atribuye el supuesto atentado contra Colomina a un intento de levantar el *rating* de sus programas. (...) "Están perdiendo audiencia, no les ve nadie. El frasco de veneno que se meten en la mañana les hace decir cosas y la gente se fastidia. Por eso necesitan llama la atención de alguna manera".[164]

El colofón que faltaba: ataque a periodistas de la Cadena Capriles

Cuando aparentemente habían disminuido los ataques físicos violentos contra medios y periodistas (no olvidemos los

---

163 *El Universal*, 29 de marzo de 2003.
164 *El Nacional*, 28 de junio de 2003.

frecuentes ataques a Globovisión y a sus periodistas) y las mayores limitaciones, restricciones y violaciones a la libertad de expresión se manifiestan por los procedimientos administrativos o medias judiciales, en agosto de 2009 ocurre una brutal agresión a periodistas de la Cadena Capriles que participan de una protesta cívica contra la Ley Orgánica de Educación. La movilización de unos veinticinco periodistas transcurría pacíficamente, repartiendo volantes que explicaban a los transeúntes lo perjudicial del instrumento jurídico en su impacto restrictivo de la libertad de expresión pues se limita la denuncia de los problemas de la comunidad. Las dramáticas fotografías de los periodistas con sus rostros ensangrentados fueron titulares de primera plana tanto a nivel nacional como internacional.

> Los periodistas se encontraban en la esquina de Veroes entregando volantes alusivos a su rechazo a la discusión por parte de la Asamblea Nacional de la referida ley, cuando estas personas se acercaron y los agredieron con golpes. Ubaldo Arrieta, uno de los periodistas agredidos, indicó que estas personas les dijeron que estaban en "territorio del pueblo" y que ellos eran "defensores de la oligarquía". Arrieta señaló que varios de sus compañeros recibieron patadas, tirados en el suelo, por parte de hasta seis personas. Tras la acción violenta, los periodistas tuvieron que correr a refugiarse en la Torre La Prensa, en la avenida Panteón.[165]

Desgraciadamente, este es otro de los tantos casos de agresiones contra periodistas que permanecen bajo el manto de la impunidad. Los agresores se desplazan libremente por la ciudad.

---

165 *El Universal*, 13 de agosto de 2009.

Agresión extrema: el asesinato

> "El derecho a la vida es inviolable. Ninguna ley podrá establecer la pena de muerte, ni autoridad alguna aplicarla…".[166]

Por supuesto que la agresión extrema, la limitación absoluta a la libertad de expresión, es la privación de la vida, la ocurrencia de la muerte en el ejercicio de la profesión de periodista. Algunas de estas muertes, producidas en situaciones de alta confusión, manifestaciones o atentados, tienden a permanecer en la impunidad. En este sentido vale la pena citar a Ewald Scharfenberg, director ejecutivo del Instituto para la Sociedad y la Prensa, una ONG que se ocupa de temas de libertad de expresión: "El asesinato entra en el modelo de una zona gris en la cual el asesinato de un periodista puede verse como si fuera un crimen al azar".

Espacio Público, la institución que con mayor exhaustividad y precisión documenta los incidentes que involucran muerte de periodistas, señala que durante el quinquenio 2002-2006 resultaron asesinados seis comunicadores: Jorge Aguirre, fotógrafo de la Cadena Capriles (Caracas); José Joaquín Tovar, director del semanario *Ahora* (Caracas); Jesús Flores Rojas, columnista y corresponsal del diario *La Región* (Anzoategui), Pedro Bastardo, coordinador de la Oficina de Prensa del municipio Bolívar (Sucre); Jorge Tortoza, reportero gráfico del diario *2001*; y Mauro Marcano, periodista, conductor de un programa en la emisora Radio Maturín y cronista del diario *El Oriental*[167]. A estos casos reseñados por Espacio Público debemos agregar el del periodista Orel Sambrano, director de la revista política *ABC*, vicepresidente de la emisora privada Radio América 890

---

166 Artículo 43, Constitución Nacional.

167 *El peso de las palabras.(Asesinatos de periodistas: las palabras silenciadas. Violaciones al derecho a la vida)*, Espacio Público, Caracas, 2007.

AM y editorialista del diario regional *Notitarde*, asesinado a tiros el 16 de enero de 2009.

Si bien el número de casos de periodistas muertos en el desempeño profesional puede parecer bajo en relación con otros países de la región, es importante señalar, por un lado, el patrón de impunidad sobre esos asesinatos y, por otro, la propaganda gubernamental de la existencia absoluta de las garantías para el ejercicio periodístico. Bastaría una sola muerte de un periodista, como consecuencia de su labor informativa o de opinión, para que la sociedad entera encendiera sus alarmas.

5. DEMANDAS CONTRA COMUNICADORES SOCIALES POR FUNCIONARIOS PÚBLICOS

> "Los funcionarios públicos están sujetos a un mayor escrutinio por parte de la sociedad. Las leyes que penalizan la expresión ofensiva dirigida a funcionarios públicos generalmente conocidas como 'leyes de desacato' atentan contra la libertad de expresión y el derecho a la información".
>
> (Declaración de Principios
> sobre Libertad de Expresión, No. 11)

Otro capítulo negro en el expediente de los atentados a la libertad de expresión del gobierno bolivariano es el relativo al acoso y persecución judicial a los periodistas.

Hipersensibles a la crítica, los funcionarios públicos acuden a los tribunales a querellarse contra los comunicadores sociales en lugar de dar información objetiva, veraz y oportuna sobre las acusaciones o denuncias que estos publican.

Espacio Público documenta sesenta y cinco periodistas sometidos a juicios penales en los once años del gobierno de Hugo Chávez, cifra que supera con creces la década anterior de la llegada de Chávez al poder, correspondiente a dos periodos de gobierno de dos presidentes distintos. No presento, en consecuencia, un informe exhaustivo sino un breve repaso a los casos de mayor notoriedad en la opinión pública.

Pablo López Ulacio

El editor del semanario *La Razón*, Pablo López Ulacio, es, a nuestro conocimiento, el primer periodista en problemas con la justicia bolivariana. Tan temprano como el 8 de julio de 2000 es víctima de una medida de privación de libertad. Según consta en el informe de la Relatoría para la Libertad de Expresión de la Comisión Interamericana de Derechos Humanos, "López Ulacio fue demandado por el presidente de la empresa Multinacional de Seguros, Tobías Carrero Nacar, propietario de la principal aseguradora del Estado, a quien el diario señaló como financista de la campaña presidencial de Hugo Chávez Frías y lo acusó de beneficiarse con los contratos de seguros del Estado". El juez que sigue su causa prohibió a López Ulacio dar declaraciones o divulgar informaciones relacionadas con Tobías Carrero y ordenó su detención. Poco después el periodista viaja a Costa Rica, país donde se mantiene exilado. Con relación a la acción judicial contra López Ulacio, el 7 de febrero de 2001 la CIDH acordó medidas cautelares a favor del periodista.

Patricia Poleo

Varios procesos han intentado funcionarios e instancias públicas contra la periodista Patricia Poleo, del diario *El Nuevo País*, por los presuntos delitos de "instigación a la rebelión militar" y "difamación", convirtiéndola en la periodista con mayor número de actuaciones judiciales en su contra. Entre las acusaciones más notorias está la del ministro del Interior y Justicia, Jesse Chacón, por una fotografía publicada en la columna "Factores de poder", escrita por la periodista. La leyenda de la foto según la denuncia indicaba: "Jessé Chacón sobre el cadáver del vigilante de Venezolana de Televisión". Pero, sin duda alguna, lo más grave ha sido la acusación de la Fiscalía por "la presunta comisión del delito de homicidio calificado con alevosía mediante incendio y agavillamiento (reunión para delinquir), en grado de autoría intelectual" contra el fiscal Danilo Anderson. Por este caso también estuvo unos meses detenido Nelson Mezerhane, uno de los accionistas principales del canal de noticias Globovisión. Resultado de esta querella, Patricia Poleo está exiliada en Miami, Estados Unidos.

Ibéyise Pacheco

Quizá sea Ibéyise Pacheco la comunicadora social que junto a Patricia Poleo acumula el mayor número de casos en su contra.

Entre los casos relevantes que involucran a la periodista, en su oportunidad columnista del diario *El Nacional* y también directora del periódico matutino *Así es la Noticia*, están los delitos por "la presunta comisión del delito de levantar falso testimonio por lo expresado en su columna publicada el 8 de mayo de 2003 en la cual cita un informe de inteligencia en el que se señala que altos funcionarios del Gobierno, durante una reunión en Miraflores, planificaron actos de terrorismo contra dirigentes opositores". Vale notar que la averiguación penal contra la periodista se inicia a solicitud de José Vicente Rangel, vicepresidente de la República; Aristóbulo Istúriz, ministro de Educación, y de María Cristina Iglesias, titular del Trabajo; la averiguación penal del Alto Mando a petición del Consejo de Generales de la Guardia Nacional, ante la Fiscalía General de la República, por considerar falsa la versión de la periodista sobre una supuesta crítica e insubordinación a sus órdenes; la acusación del diputado oficialista Francisco Ameliach, ante la Fiscalía General de la República de comprometerse su "conducta honesta y transparente" por una denuncia periodística referida a la entrega de unos bonos millonarios a un grupo de oficiales de las FAN; orden emitida por el general en jefe José Luis García Carneiro, titular del Ministerio de la Defensa, al Fiscal General Militar, para que enjuicie en los tribunales castrenses por el delito de "instigación a la rebelión" a los periodistas Marta Colomina, César Miguel Rondón, Marianella Salazar, Ibéyise Pacheco y Patricia Poleo; juicio por difamación al coronel Ángel Bellorín. Todo el poder del Estado contra el libre y combativo ejercicio del periodismo. En su oportunidad la Comisión Interamericana de Derechos Humanos dictó medidas cautelares en beneficio de Pacheco, por su derecho a la vida, a su integridad psíquica y moral y a la libertad de expresión. El Gobierno, como en tantas oportunidades, ha hecho caso omiso de tal resolución de la máxima corte internacional.

NAPOLEÓN BRAVO

Sujeto a investigación penal por el delito de vilipendio debido a afirmaciones en su programa *24 horas*, en el canal 4, Venevisión, durante la entrevista telefónica a Linda Loaiza López, en huelga de hambre a las puertas del TSJ en demanda del comienzo del juicio contra Luis Antonio Carrera Almoina. El periodista ensalzó el valor de la joven agraviada y criticó al Poder Judicial con expresiones que el Tribunal Supremo de Justicia consideró "conceptos denigrantes, maltratadores, insultantes y descalificadores".

Otro caso relevante contra el periodista fue la denuncia por supuesta incitación al odio e instigación a delinquir que formuló en su contra José Vicente Rangel Seijo, hijo del alcalde del Municipio Sucre y nieto del Vicepresidente de la República.

MARIANELLA SALAZAR

Las críticas y contundentes denuncias que suele publicar esta combativa columnista en su espacio "Artillería de oficio"[168] la han hecho blanco de la hipersensibilidad del Gobierno. Desde el más alto nivel gubernamental ha sido acusada por el delito de calumnia en perjuicio del vicepresidente José Vicente Rangel y el entonces gobernador de Miranda, Diosdado Cabello, entre otras acciones en su contra.

NELSON BOCARANDA

Autor de una muy leída y en algunos casos controversial columna en el diario *El Universal*, periodista que tiene acceso a fuentes privilegiadas, muy sensible a las informaciones de interés público y que asume la denuncia con firmeza y coraje, se ha encontrado en múltiples ocasiones en el banquillo de los

---

168 Columna de opinión, semanal, en el diario *El Nacional*.

acusados, aunque en última instancia exonerado de cargo alguno. Otros casos relevantes contra Bocaranda relacionados con informaciones u opiniones vertidas en su columna periodística como en su programa radial en la emisora Onda, sobre actos de corrupción de funcionarios públicos, son las acusaciones sobre el ex alcalde del Municipio El Hatillo, Alfredo Catalán, y su hermano, ex concejal; la del diputado Reinaldo García por el caso del asalto a la sinagoga ubicada en la urbanización Maripérez; y la del gobernador José Gregorio Briceño por el caso de la valija con 800 mil de dólares decomisada en Argentina, donde se menciona a este mandatario regional por sus vínculos con el empresario Antonini.

Miguel Ángel Rodríguez

Polémico conductor del programa de opinión bandera de RCTV, *La entrevista*, ha sido víctima de amenazas de juicios por difamación, de constantes ataques y descalificaciones por voceros del oficialismo. Luego del cierre de RCTV en su frecuencia de señal abierta, el periodista mantuvo su programa de opinión en RCTV internacional. En febrero de 2010 la Fiscalía ordenó una investigación contra el periodista de RCTV Internacional, Miguel Ángel Rodríguez, por la presunta comisión de los delitos de rebelión, instigación a la insurrección e instigación a delinquir. La supuesta falta del periodista ocurre cuando en su programa *La entrevista* el entrevistado del día, Noel Álvarez, afirma que la situación a la crisis en Venezuela es "militar", refiriéndose a militar en gremios, partidos, etc.

Teodoro Petkoff / Laureano Márquez

Quizá el juicio contra el editor del diario *Tal Cual*, Teodoro Petkoff, y contra el columnista Laureano Márquez, ilustre como ninguno lo torcido de la justicia en Venezuela. En aplicación de la Ley Orgánica para la Protección del Niño, Niña y Adolescente se les abre un juicio por la publicación del artículo humorístico "Carta a Rosinés", relacionado con la pequeña hija del Presidente de la República. Tan desatinada fue esta acusación que motivó (con muy fructíferos resultados) una colecta pública para encarar la sanción del tribunal a los imputados Márquez y Petkoff.

Miguel Salazar

A este periodista se le ha seguido juicio por el presunto delito de difamación agravada al ex ministro de la secretaría presidencial Rafael Vargas. En su columna "Las Verdades de Miguel", Salazar sugirió que Vargas, en gestión ministerial, habría ocupado el tercer puesto en una lista de funcionarios corruptos del gobierno. También recibió una acusación del gobernador de Guárico Eduardo Manuit, del secretario general del partido Patria Para Todos, José Albornoz, y del PPT como organización política, por difamación e injuria continuadas.

Alicia La Rota

El criterio de la *real malice*, ampliamente aceptado en el periodismo moderno y según el cual prevalece la intencionalidad del periodista en la difusión de sus informaciones, no vale en Venezuela, como lo demuestra el caso contra la periodista Alicia La Rota, de *El Universal*. El ministro de Comunicación e Información Jesse Chacón demandó por difamación agravada a La Rota por una información donde de manera inexacta se le atribuye la compra de un cuadro del célebre pintor venezolano Armando Reverón, aun cuando la periodista, al día siguiente de la publicación de su nota, ofreció amplia cobertura a las aclaratorias del ministro y publicó la carta que este enviara a la redacción para desmentir la noticia. Jesse Chacón ratificó su demanda a pesar que la periodista firmó una nota con llamado en primera página donde admitía el error cometido.

Manuel Isidro Molina

El periodista Manuel Isidro Molina también debió atender a una larga querella en los tribunales por la acusación privada en su contra interpuesta por el ex banquero Orlando Castro Llanes por el presunto delito de difamación agravada. Castro se consideró difamado por lo comentado en la columna "Pasando la hoja", publicada el 30 de enero de 2005 en el semanario *La Razón*, en la cual el periodista refiere la presencia de Orlando Castro en una marcha del oficialismo, realizada el 23 de enero de ese año.

María Angélica Correa

El caso de la periodista María Angélica Correa tiene la particularidad de producirse en el ámbito de la justicia militar. En efecto, el Ministerio Público castrense inicia una investigación "penal militar" sobre las circunstancias en las que la periodista de *El Nuevo País*, entrevistó al colombiano Luis Grimaldo Plazas en la sede de la Brigada 35º de la Policía Militar. Las declaraciones de la comunicadora son suficientemente claras sobre lo equivocado de esta decisión:

> Si el Gobierno no tiene nada que esconder, no hay ningún delito en ir a entrevistar a una persona que dio declaraciones en audiencia pública. Uno como periodista va a conocer la verdad de una persona, esa es la labor. ¿El delito fue comunicar la verdad del ciudadano? Ni creo ni no creo lo que dice, sólo ejerzo la función de comunicar.[169]

Tamoa Calzadilla

Periodista del diario *Última Noticias,* fue citada por la Fiscalía General de la República en una investigación de ese despacho por la supuesta filtración de documentos relacionados con el caso del asesinato del fiscal Danilo Anderson. En esta investigación también fue citada la periodista Patricia Poleo. Estas comparecencias de periodistas ante el Ministerio Público

---

169 *El Nacional*, 15 de septiembre de 2005.

generan intimidación a sus labores ordinarias y constituyen una presión para la identificación de sus fuentes de información.

Nelson Mezerhane

Accionista principal de Globovisión, es una de las personas vinculadas a los medios, junto a la periodista Patricia Poleo, acusado de presunto instigador en el asesinato del Fiscal Danilo Anderson, quien entre otros casos emblemáticos de impacto político investigaba los sucesos del 11 de abril de 2002. En virtud de la acusación del fiscal general Isaías Rodríguez, especialista en leer en los ojos de los testigos, Mezerhane pasó dos meses en los calabozos de la policía política Disip y luego liberado sin ningún cargo en su contra. El caso queda bajo el estatuto de "archivado", es decir como una espada de Damocles sobre el empresario porque en cualquier momento puede ser reabierto por el Ministerio Público.

En junio de 2010, encontrándose fuera de Venezuela, fue intervenida su entidad bancaria Banco Federal y posteriormente liquidada junto a otros bienes y activos que incluyen unas acciones no relacionadas con el banco, pero que forman parte del paquete accionario (20%) de Globovisión. Nelson Mezerhane expresó que la medida "es una arbitrariedad contra todos los venezolanos, no sólo con el Banco Federal (...) Nos han presionado para doblegar a Globovisión y esa es la factura que me corresponde por no aceptar". Actualmente se encuentra en el exilio. El Gobierno, por intermedio del Fondo de Garantías Económicas (Fogade), está en posesión de esas acciones.

Gustavo Azócar

Periodista combativo del estado Táchira, también ha tenido que lidiar fuertemente en los tribunales de justicia e incluso ha sido privado de su libertad. En una oportunidad debió comparecer como testigo ante el Consejo de Guerra Permanente de San Cristóbal en una investigación ordenada por el general William Warrick Blanco, jefe de la Guardia Nacional de San

Cristóbal, relacionada con el reportaje "El Clan Tascón", publicado el 26 de septiembre de 2004 en la sección Expediente del diario *El Universal*. El 29 de julio de 2009 es nuevamente detenido por la supuesta violación de las medidas cautelares (que le impiden pronunciarse sobre el caso en su contra) en un juicio iniciado en 2000 por las denuncias de corrupción de funcionarios y de personas vinculadas con el oficialismo, en su programa televisivo *Café con Azócar*. Luego de varios meses de cárcel, finalmente el tribunal falló en su contra condenándolo a 2 años y seis meses de prisión bajo un régimen de presentación quincenal.

GUILLERMO ZULOAGA

Accionista mayoritario y presidente de Globovisión, independientemente del asedio permanente al canal de noticias que dirige, ha debido enfrentar los embates de la justicia venezolana. Sometido a juicio por un litigio relacionado con un negocio de venta de vehículos de su propiedad (que muchos consideran una forma indirecta de presión contra el canal), también se ha visto sometido a una averiguación penal por parte del Ministerio Público, a solicitud de la Asamblea Nacional, por unas declaraciones dadas en marzo de 2010 en una reunión de la Sociedad Interamericana de Prensa (SIP) en Aruba, relacionadas con los sucesos de abril de 2011.

En el presente, víctima del acoso judicial, la amenaza presidencial directa y la feroz campaña en su contra en los medios oficiales, Guillermo Zuloaga, al manifestar que "en realidad se le persigue por sus opiniones contra el gobernante y por la línea editorial crítica de la emisora de televisión Globovisión", optó por el exilio en los Estados Unidos.

Sin duda alguna son muchos los otros casos que permiten afirmar que en Venezuela está en marcha un plan sistemático de criminalización de la opinión pública y un uso perverso del sistema de justicia para restringir y limitar la libertad de expresión y el derecho a la información de los venezolanos.

6. OTRAS MODALIDADES DE RESTRICCIÓN

> "La utilización del poder del Estado y los recursos de la hacienda pública; la concesión de prebendas arancelarias; la asignación arbitraria y discriminatoria de publicidad oficial y créditos oficiales; el otorgamiento de frecuencias de radio y televisión, entre otros, con el objetivo de presionar y castigar o premiar y privilegiar a los comunicadores sociales y a los medios de comunicación en función de sus líneas informativas, atenta contra la libertad de expresión y deben estar expresamente prohibidos por la ley. Los medios de comunicación social tienen derecho a realizar su labor en forma independiente. Presiones directas o indirectas dirigidas a silenciar la labor informativa de los comunicadores sociales son incompatibles con la libertad de expresión".

(Declaración de Principios
sobre Libertad de Expresión, No. 13)

Asignación discrecional de la pauta de publicidad y propaganda oficial: premio y castigo

En la Conferencia Hemisférica sobre Libertad de Expresión que se celebró en México, en marzo de 1994, se produce un documento conocido como Declaración de Chapultepec, que analiza el avance y compromiso con la democracia en nuestro continente, al mismo tiempo que alerta sobre los peligros que la amenazan:

> (...) porque creemos en la fuerza creativa de nuestros pueblos y porque estamos convencidos de que nuestro principio y destino

deben ser la libertad y la democracia, apoyamos abiertamente su manifestación más directa y vigorosa, aquella sin la cual el ejercicio democrático no puede existir ni reproducirse: la libertad de expresión y de prensa por cualquier medio de comunicación.

El texto desarrolla las consideraciones, valores y principios que son esenciales para la supervivencia de una sociedad libre: libre expresión y circulación de ideas, libertad para la búsqueda y difusión de informaciones, condiciones autónomas e independientes para indagar, cuestionar, reaccionar, coincidir, discrepar, dialogar, confrontar, publicar y transmitir.

Compartimos pues la convicción expresada en la Declaración de Chapultepec de que sólo en democracia puede darse la garantía para que todos los ciudadanos dispongan de información plural y oportuna y puedan promoverse los consensos para lograr la justicia social y la equidad.

En consecuencia, en virtud del poder, la discrecionalidad y la hipersensibilidad de los gobiernos en nuestro continente, la declaración acuerda un criterio que más tarde será desarrollado como uno de los tópicos esenciales de la Declaración de Principios sobre Libertad de Expresión:

> Las políticas arancelarias y cambiarias, las licencias para la importación de papel o equipo periodístico, el otorgamiento de frecuencias de radio y televisión y la concesión o supresión de publicidad estatal, no deben aplicarse para premiar o castigar a medios o periodistas.

Desgraciadamente, nuestro país pareciera cada día alejarse más y más de estos principios fundamentales. Con frecuencia oímos denuncias o pronunciamientos de propietarios o directores de medios denunciando la discrecionalidad del Gobierno en la asignación de las pautas de publicidad y propaganda oficial. Basta, también, una mirada atenta a la prensa un domingo cualquiera y comparar los diarios *Últimas Noticias* y *Panorama*, por ejemplo, con otros medios impresos, para evidenciar esta malsana práctica en todo su esplendor. Práctica que es bueno recordar no es de ahora, cuando se profundiza la llamada revolución, sino que podemos encontrarla desde el primer año de este gobierno como lo denunció en su oportunidad el diario *La Razón*:

> Desde el sector oficial, con el desprestigiado expediente de retirar la pauta publicitaria, se intenta cercar económicamente –de hostigar, en fin– al semanario más querido por la población nacional(...) A pesar del acoso, soportaremos estoicamente ésta y otras calamidades. Nos sobra madera para luchar contra las adversidades. Precisamente el éxito de *La Razón* es no haberse doblegado ante quienes detentan circunstancialmente el poder.[170]

También en el contexto del revocatorio aparecieron críticas según las cuales los diarios *Panorama* y *Últimas Noticias*, calificados como aliados del régimen, habían sido favorecidos con el privilegio de pautas oficiales:

> El muy atractivo y jugoso negocio de imprimir la data electoral, contentiva de las firmas que solicitan los diversos revocatorios, se repartirá entre los diarios *Panorama* y *Últimas Noticias*. Serán 300 mil ejemplares que serán repartidos en todo el país los días, 6, 7 y 8 de mayo. La decisión se tomó con los votos de la mayoría oficialista del ente electoral. Es obvio que se premió la fidelidad a la revolución que se plasma en las páginas de los dos periódicos.[171]

Pero así como se coloca, también se retira a discreción del funcionario que se ha sentido atacado por una información, o considera presuntos sesgos en la cobertura:

---

170 Editorial de *La Razón*, 12 de diciembre de 1999.
171 "Descifrado", *El Carabobeño*, 02 de mayo de 2004.

El Consejo de Ministros, decidió recientemente retirarnos definitivamente toda publicidad oficial. De acuerdo a la información que manejamos, la iniciativa provino de un prominente dirigente de uno de sus partidos "aliados" (Patria Para Todos), hoy en funciones de ministro (de Educación y Deportes), Aristóbulo Istúriz. Desde un punto de vista puramente formal, y por decir lo menos, no deja de parecernos desproporcionado que tal decisión ameritara ser promovida y aprobada en esa instancia.[172]

Por supuesto no estamos en condiciones de inventariar aquí todos los casos, pero lo importante es señalar que no se trata de hechos aislados sino que corresponden a un patrón de conducta oficial. En octubre de 2008, en vísperas de las elecciones regionales y en el clima de alta tensión en la relación entre medios y aparato estatal, la posición del ministro de Información y Comunicación Andrés Izarra no deja ninguna duda al respecto:

Durante mi gestión, y mientras el Presidente de la República delegue en mí la potestad de administrar los presupuestos del Estado, los medios golpistas no contarán con un solo bolívar del pueblo de Venezuela para publicitar la gestión oficial.[173]

Finalmente, hay que tomar en cuenta el mantenimiento discrecional de una prensa favorable, cuando no sumisa, a la línea editorial e informativa del Gobierno:

La asignación de las cuantiosas pautas publicitarias de organismos y empresas del Estado a favor de los cada vez más numerosos medios escritos y radioeléctricos de propiedad oficial y otros subor-

---

172 Carta al Presidente de la República de José López, director de *Las Verdades de Miguel*, semanario identificado con el proceso revolucionario, 18 de marzo de 2005.

173 *El Nacional*, 13 de octubre de 2008.

dinados contrasta con una mínima o ausente inversión en medios independientes.[174]

En junio de 2009, en vísperas de la celebración del Día del Periodista, José Vicente Rangel, ex ministro de la Defensa, ex vicepresidente de la República y aliado incondicional de Chávez, periodista por demás, se quejaba de la deslealtad de los funcionarios públicos que no privilegiaban con sus pautas publicitarias a los medios bolivarianos (sic). Sus palabras son asaz elocuentes:

> Pero en el otro campo del periodismo bolivariano, las cosas no están buenas. Mientras las empresas privadas y los bancos colman de avisos a los medios de comunicación que hacen oposición, los diarios y semanarios bolivarianos son sometidos a una drástica reducción de las pautas de publicidad. Y lo peor, aun conociendo esta grave situación de la prensa revolucionaria, hay gobernadores, ministros y empresas del Estado que prefieren publicar sus avisos en los medios de oposición antes de hacerlo en *VEA*. Sólo aquí puede pasar esa inconsistencia ideológica y política.[175]

Una breve mirada al presupuesto nacional de 2010 pone en evidencia la preponderancia de lo comunicacional en la agenda de gobierno. De acuerdo con la comparecencia del ministro de Economía y Finanzas, Alí Rodríguez, ante la Asamblea Nacional, el presupuesto nacional asciende a 159.406 millones de bolívares, de los cuales 1.452 millones para comunicaciones y cultura y 1.204 millones para impulsar la ciencia y la tecnología. Si comparamos, por ejemplo, que para el rubro construcción y vivienda de alta sensibilidad y expectativa nacional se destinan 1.321 millones de bolívares, puede concluirse que en la ejecución del presupuesto habrá más comunicación (propagan-

---

174 *El Universal*, 18 de marzo de 2006.
175 "Piedra de tranca", Marciano, diario *VEA*, 26 de junio de 2009.

da) que construcción de viviendas. Quizá sea ya hora, a la luz de tanto abuso y falta de control en el uso de dineros públicos para culto a la personalidad y proselitismo político, de promover una reforma constitucional al estilo de lo ocurrido en México con la reforma del artículo 134 de su texto constitucional.

> La propaganda, bajo cualquier modalidad de comunicación social, que difundan como tales, los poderes públicos, los órganos autónomos, las dependencias y entidades de la administración pública y cualquier otro ente de los tres órdenes de gobierno, deberá tener carácter institucional y fines informativos, educativos o de orientación social. En ningún caso esta propaganda incluirá nombres, imágenes, voces o símbolos que impliquen promoción personalizada de cualquier servidor público.[176]

LAS CADENAS PRESIDENCIALES

Sin duda alguna, la llamada "cadena presidencial" es el atentado a la libertad de expresión y al derecho a la información que con mayor pasmosa pasividad y naturalidad tolera la sociedad democrática venezolana. Muy pocas expresiones existen en las sociedades democráticas de esta perversa y radical apropiación de todo el espectro radioeléctrico por parte de un mandatario en beneficio de su acción de gobierno y, peor aun, para colocarlo al servicio de su parcialidad política o de sus veleidades personales de *showman*, de cantante, de blacamán hacedor de milagros. Pero a pesar de lo que muchas personas pueden creer, no existe en nuestro país ningún fundamento constitucional o jurídico para que se nos "aplique la cadena" en tal grado de impunidad. Contrariamente a lo que sostiene el propio mandatario, su condición de Presidente de la República no lo faculta para imponer sus alocuciones oficiales de manera simultánea en todo el circuito radioeléctrico. En primer lugar,

---

176 *Los nuevos diques a la propaganda oficial.* México, Mediocracia Wordpress, 2007.

la cadena contraviene los artículos 57 y 58 de la Constitución nacional relativos a la libertad de expresión y al derecho a la información. En segundo lugar, es falso que la Ley Orgánica de Telecomunicaciones provea de algún asidero legal para la cuestionable limitación a la libertad de expresión y al derecho a la información. En efecto, el artículo 192 de esta ley establece que el Presidente podrá ordenar

> ...a los operadores que presten servicios de televisión por suscripción, a través del canal de información a sus clientes y a las empresas de radiodifusión sonora y televisión abierta *la transmisión gratuita de mensajes y alocuciones oficiales*, de la Presidencia o Vicepresidencia de la República o de los ministros.

Como puede verse se habla de transmisión gratuita pero en ningún momento se establece que estas transmisiones deban ser simultáneas. Con la aprobación de la Ley de Responsabilidad Social en Radio y Televisión en 2004, el Gobierno se valió de una argucia para ir creando algún entramado legal justificatorio de la cadena. Por eso en el capítulo correspondiente a las "Modalidades de acceso del Estado a espacios gratuitos y obligatorios", que define los términos en los cuales el Estado podrá difundir sus mensajes a través de los servicios de radio y televisión, en el artículo 10, numeral primero, se establece, en primera instancia, "Los mensajes previstos en la Ley Orgánica de Telecomunicaciones". Y de seguidas agrega que la orden de transmisión gratuita y obligatoria de mensajes y alocuciones oficiales podrá ser notificada, válidamente, entre otras formas, mediante la sola difusión del mensaje o la alocución a través de los servicios de radio y televisión administrados por el Ejecutivo Nacional.

A tales efectos se dictó la Providencia Administrativa de Conatel No. 407 del 8 de marzo de 2004, publicada en la *Gaceta Oficial* del 26 de marzo de 2004, donde se habla, por primera vez, de la "coletilla de cadenas". Según el artículo 1 de dicha providencia el Ejecutivo puede:

> Ordenar a los operadores que prestan servicios de radiodifusión sonora y televisión abierta, de radiodifusión sonora y televisión abierta comunitarias de servicio público, sin fines de lucro, y de difusión por suscripción, la transmisión de los mensajes y alocuciones oficiales transmitidos por el canal de televisión del Estado, cada vez que se sea emitido el anuncio correspondiente (coletilla de cadena) (sic).[177]

En numerosísimas oportunidades la Relatoría para la Libertad de Expresión de la Comisión Interamericana de Derechos Humanos de la Organización de los Estados Americanos (OEA) ha expresado su preocupación por la duración y frecuencia de las cadenas nacionales de radio y televisión del gobierno venezolano, muchas de ellas consideradas abusivas en función de la información transmitida y, en general, en clara violación del artículo 13 de la Convención Americana sobre Derechos Humanos, referido al ejercicio de la libertad expresión.

En la oportunidad que ocupó el despacho del Ministerio de Comunicación e Información, el teniente Jessé Chacón argumentó que el uso de las cadenas dependería del alcance de la cobertura que los medios garanticen a las informaciones provenientes del Ejecutivo:

> Si la información fluye, no serán necesarias las cadenas, éstas podrían disminuir. Pero si existe algún sesgo, y los datos que se proporcionan aquí no salen, hay que buscar alguna vía para que la gente los conozca.

Contrariamente a la Constitución y a la normativa legal, el ministro insistió en el equívoco (mal intencionado) de que

---

177 Conatel, Providencia Administrativa No. 407, 26 de marzo de 2004.

es potestad del Jefe de Estado decidir cuándo transmitirá las cadenas, pues según su criterio la ley permite hacerlas ilimitadamente.

Expuesto lo sustancial, en lo conceptual, de lo impropio de las cadenas presidenciales podemos esbozar otros "efectos colaterales" de uso indebido, siendo el más notorio su utilización con fines políticos-proselitistas. Como ejemplo una de las tantas intervenciones del presidente Chávez:

> Hemos venido aquí a juramentar a la Dirección Estratégica Nacional de nuestro movimiento, y estamos transmitiendo este acto a partir de este momento en cadena nacional de radio y televisión.[178]

Como suele decirse en Derecho: a confesión de parte, relevo de pruebas. La declaración del Presidente en un acto político, en el Teatro Municipal de Caracas, un espacio de la cultura dicho sea de paso, cuya reseña en la prensa nacional puede calificar como *notitia criminis*, pasa desapercibido a los ojos de los poderes públicos. Más aun, pasa desapercibido frente a los actores políticos de la oposición, que ni siquiera denuncian el abuso proselitista.

Por otro lado, el caso aquí referido ocurría mientras ese mismo día una violenta lluvia se abatía sobre la ciudad de Caracas con el trágico desenlace de un venezolano fallecido, numerosos heridos y cuantiosas pérdidas materiales. Mientras que el Jefe del Estado ocupaba ilícitamente todo el sistema radioeléctrico para hacer propaganda política, miles de caraqueños se encontraron en la imposibilidad de conseguir informaciones oportunas a través de los medios de comunicación que les permitieran alejarse del lugar más peligroso de la tragedia. Cuando todo el sistema de telefonía celular estuvo de momento colapsado, sólo la radio y la televisión aparecían como los únicos canales para

---

178 Grabación del autor.

informarse de cuanto acontecía en la ciudad de manera de tomar las previsiones necesarias no sólo para ponerse a salvo sino también para prestar el socorro oportuno. Recordemos que este nefasto suceso tiene entre otros graves antecedentes la tragedia de Vargas en 2000 y los sucesos de abril en 2002.

Otra situación, de particular efecto negativo, ocurre durante los periodos electorales cuando se incrementa notablemente la frecuencia y cantidad de horas del Presidente de la República "encadenado". Grave por el tiempo que ocupa, limitando la posibilidad de otros actores en el foro político, más grave aun por el contenido proselitista de los mensajes del Jefe del Estado. Este uso abusivo de cadenas en contextos electorales ha sido advertido como un patrón frecuente por la Misión de Observación Electoral de la Unión Europea:

> Esta prerrogativa, bastante frecuente en Latinoamérica, se utiliza generalmente en otros países de la región bajo circunstancias excepcionales. Sin embargo, en Venezuela se hace un uso muy discrecional y frecuente de este privilegio: sólo en las dos últimas semanas de la campaña electoral hubo cinco cadenas sin que existiese una amenaza expresa a la seguridad o una situación de emergencia que las justificase.[179]

¿Debemos dar por descontado el negativo impacto económico sobre la industria de la radio y televisión, sobre la actividad publicitaria, sobre los intereses ciudadanos de entretenimiento e información?

Durante sus once años de gobierno, el Presidente de la República ha realizado 2.125 cadenas, equivalentes a 1.464 horas[180].

Durante su primer año de gobierno el teniente coronel Chávez realizó 94 cadenas para un total de 78 horas de trans-

---

179 Informe Final de la Misión de Observación Electoral de la Unión Europea, Venezuela 2005, p. 34.
180 Datos hasta el 29 de diciembre de 2010. En anexo cuadro detallado con número de cadenas y horas de transmisión.

misión. Al año siguiente, el número fue aun mayor: se realizaron 146 cadenas que sumaron 106 horas.

En 2001, el número de cadenas disminuyó a 118, pero aumentó el número de horas en que ilegítimamente se confiscó el espacio radioeléctrico. Durante 2002 se hicieron 163 cadenas que privaron a los venezolanos de otra información y cualquier otro entretenimiento durante 75 horas. Menos horas, es verdad, pero recuérdese que en abril de ese año se produjo la fatídica cadena del día 11 que pretendía impedir a los venezolanos enterarse de la imponente manifestación que se desarrollaba en Caracas y de los hechos violentos que se estaban suscitando en el centro de la ciudad. En 2003 volvió el Gobierno a sus malos hábitos: 203 cadenas en 168 horas de transmisión. En 2004 se impone el récord en número cadenas, 375, que ocuparon 124 horas. En el 2005 fueron 217 las cadenas con 109 horas de cerco informativo y de privación de entretenimiento; en 2006, el cierre virtual de las televisoras y de radio ocurrió 182 veces durante 91 horas. Durante 2007 se realizaron 164 cadenas que ocuparon 119 horas de transmisión. En 2008 el espacio radioeléctrico fue confiscado por 186 cadenas, con un incremento sensible en horas de transmisión: aproximadamente 172 horas. Un descenso relativo pudo constatarse en 2009: 141 cadenas que ocuparon 142 horas de transmisión. Hasta el 29 de diciembre de 2010 el gobierno nacional había silenciado a los venezolanos dos mil ciento veinticinco (2.125) veces equivalentes a unas mil cuatrocientos sesenta y cuatro horas (1.342) horas. (cf. infra anexo)[181]

CABLE ENCADENADO

El 22 de diciembre de 2009 la Comisión Nacional de Telecomunicaciones (Conatel) emitió una norma según la cual los canales de televisión por cable cuya programación fuera producida en más de 70% en Venezuela, debían someterse a la Ley de Responsabilidad Social en Radio y Televisión (Ley Resorte),

---

181 Ibídem.

difundir las "cadenas" presidenciales y la propaganda oficial. Esta medida ha sido calificada por la opinión pública como arbitraria y con el único propósito de obligar a RCTV Internacional a difundir las cadenas y otros mensajes propagandísticos del Gobierno. Para nosotros, además, es otra expresión palmaria del cerco que venimos denunciando.

La penetración del cable en Venezuela ha ido creciendo de manera sostenida. Se calcula que de cada diez hogares en nuestro país, seis tienen conexión a servicios de suscripción de televisión. Pero un dato de alta relevancia es que a partir del cierre de RCTV se produjo un salto cuantitativo importante en el número de suscriptores, lo que justifica la percepción de que la medida de Conatel tiene relación con esta nueva situación:

> Con la medida de retiro de la concesión de RCTV el 27 de mayo de 2007 y el inicio de las transmisiones de RCTV Internacional por cable el 16 de julio del mismo año, Conatel registra la entrada (en los servicios de TV por suscripción) de 207 mil 151 hogares para el segundo semestre de 2007. Eso es más del doble de la tendencia habitual registrada antes del cierre de la señal abierta. Eso equivale a casi un millón de nuevos televidentes, considerando un promedio de 4 a 5 personas por suscripción. Durante el año 2008 el crecimiento de esa audiencia no deja de ser llamativo. El incremento por semestre fue de 145 mil hogares, lo que significa que en los últimos tres años el mercado de suscriptores medido por Conatel fue de 1.900.185 hogares, lo que significa un crecimiento de 70%.[182]

También debemos tener en cuenta que las cifras oficiales dejan por fuera las conexiones ilegales o "piratas", que representan un elevado número que algunos expertos estiman de 1:1, es decir que por un suscriptor legal existe una conexión "pirateada". Si esto es así, estaríamos ante una realidad de dieciséis millones

---

182 "Medios en la mira", Francisco Olivares, *El Universal*, 14 de junio de 2009.

de venezolanos que tendrían acceso a la televisión por cable. El otro dato importante es que el cable dejó de ser un privilegio de las clases medias o sectores de altos ingresos económicos. La siembra de pequeñas antenas en los barrios populares, por empinada que sea la colina donde se asienten, tiene mayor fuerza que cualquier dato estadístico.

Lo que en buena medida puede explicar el interés del Gobierno en controlar la televisión por suscripción.

Desamparo jurídico

Diversos recursos que se han presentado ante el Tribunal Supremo de Justicia sobre la violación a la libertad de expresión y al derecho a la información en que incurre el Gobierno al imponer la "cadena" se han estrellado contra la mudez de los altos magistrados de la justicia (sic). En febrero de 2002 los ciudadanos Pastor Heydra Rojas, Pedro Díaz Blum, Carlos Tablante Hidalgo, Miguel Ángel Moyetones, Ángel Vera, Luis Longart, Leopoldo Martínez Nucete y Alejandro Anzola, para entonces parlamentarios a la Asamblea Nacional, interpusieron un recurso de nulidad por razones de inconstitucionalidad, conjuntamente con medida cautelar innominada, contra el artículo 209 de la Ley de Telecomunicaciones del cual se vale el Gobierno para dar sustento a la espuria legitimidad del Presidente de la República para convocar, indiscriminadamente, cadenas de radio y televisión. Posteriormente, cerca de una decena de acciones de amparo constitucional, de solicitud de medidas cautelares, recursos de nulidad, se han presentado ante el alto tribunal por considerar que las cadenas presidenciales vulneran derechos consagrados en la Constitución de la República y en tratados y convenios internacionales suscritos por Venezuela. Todos, por una u otra razón, sin entrar siquiera en el fondo de la materia, han sido desestimados, declarados inadmisibles o improcedentes. Si el reclamante acude a la Sala Constitucional, los magistrados lo remiten a la Sala Político-Administrativa; si se acude a la Sala Político-Administrativa, alegan vicios de forma o se declara la perención de la instancia y la extinción del proceso, pero nunca analizan el fondo del reclamo, reiteradamente de espaldas a la Constitución que establece claramente que no se puede negar el acceso a la justicia por formalismos no esenciales.

Algunas acciones ciudadanas contra las cadenas presidenciales

a) En abril de 2002 los ciudadanos Máximo Febres Siso y Nelson Chitty La Roche introducen ante el TSJ un recurso de amparo contra el Presidente de la República, Hugo Chávez Frías: solicitan se prohíba al jefe de Estado usar en forma simultánea los medios de comunicación social, como no sea para transmitir mensajes oficiales, los cuales deben estar limitados en cuanto a contenidos, hora, tiempo y frecuencia. La Sala Constitucional, en ponencia del magistrado José Delgado Ocando, declaró inadmisible el recurso al considerar que los hechos imputados al Presidente de la República "no afectan los intereses colectivos o difusos, por cuanto la indeterminación subjetiva u objetiva a que se hizo referencia no se aprecia en la demanda".

b) El Tribunal Supremo de Justicia (TSJ) declaró improcedente (octubre de 2002) una acción de amparo interpuesta contra el presidente Hugo Chávez y contra la Comisión Nacional de Telecomunicaciones (Conatel) por el presunto uso abusivo de las cadenas de radio y televisión durante las jornadas de abril pasado. La decisión fue adoptada por la Sala Constitucional del TSJ. En el recurso, interpuesto por 7 ciudadanos, se denunció a Chávez y Conatel por haber infringido presuntamente los artículos 57 y 58 de la Constitución venezolana y 13 y 19 de la Convención Americana sobre Derechos Humanos y del Pacto Internacional de Derechos Civiles y Políticos. No obstante, la sala indicó que el caso puede ser ventilado en la justicia contencioso-administrativa.

c) Recurso de nulidad presentado el 29 de julio de 2003 por Antonio Ledezma Díaz contra el artículo 192 de la Ley Orgánica de Telecomunicaciones (LOT). Declarado sin lugar en dictamen de la Sala Constitucional, el 14 de noviembre de 2007, con ponencia del magistrado Francisco Carrasquero López y el voto concurrente de su colega Pedro Rondón Haaz.

d) Recurso de nulidad, amparo cautelar y solicitud de medida cautelar innominada contra el artículo 192 de la LOT presentado por Marcel Granier, presidente de las empresas 1BC y RCTV, el 2 de marzo de 2006. El magistrado Francisco Carrasquero, designado ponente de la Sala Constitucional, aunque admite el recurso de nulidad incoada, declara improcedentes la solicitud de amparo cautelar y la medida cautelar innominada impuesta (11 de julio de 2006).

e) Solicitud de "amparo constitucional" contra cadenas presidenciales de la asociación civil Ciudadanía Activa ante la Sala Constitucional (20 de febrero de 2008). El TSJ resuelve que la solicitud debe tramitarse ante la Sala Administrativa.

f) "Acción de Reclamación en la Sala Administrativa del TSJ de la Asociación civil Ciudadanía Activa, contra el ciudadano Presidente de la República Bolivariana de Venezuela Hugo Rafael Chávez Frías, por uso indebido de cadenas presidenciales (28 de octubre de 2007). La recurrencia a esta Sala Político-Administrativa fue dictada por la propia Sala Constitucional en ocasión del recurso de amparo presentado en esa sala en fecha 20 de febrero de 2008 (Expediente 2007-1494).

Es de notar que en la mayoría de las acciones contra las cadenas presidenciales ni siquiera se refiere el tenor de los contenidos, lo que además del tiempo excesivo y la alta frecuencia de las alocuciones presidenciales plantea un grave problema adicional: el abuso de tan preciado tiempo para proselitismo político. Pero hablando de contenido vale la pena recordar la curiosa transmisión presidencial desde su hacienda en Barinas, acompañado de su familia: en cadena nacional se anunciaba al país el 50 aniversario del Jefe del Estado y sus íntimos emocionados le cantaban el cumpleaños feliz.

El Presidente de Venezuela, Hugo Chávez, celebró medio siglo de vida con un mensaje al país en cadena nacional, en el que agradeció a los venezolanos el "amor tan grande" que le han dado a lo largo de los cinco años de su gobierno "revolucionario". En el mensaje grabado desde la sureña ciudad de Barinas y transmitido la noche del miércoles, Chávez, acompañado de sus padres e hijos y sosteniendo en brazos al menor de sus dos nietos, prometió dedicar los años que le queden a servir a su país. (...) A menos de tres semanas de que el país acuda a las urnas para un referendo revocatorio que podría sacarlo del poder dos años antes de finalizar su mandato, Chávez está dirigiendo una fuerte campaña por el "No" a su salida del cargo. Aunque no hizo referencia directa a la campaña electoral de cara al 15 de agosto, el Jefe de Estado vestía una camisa roja -el color que domina su campaña- y bromeó que el nieto que llevaba en sus brazos ya sabía decir "¡Uh, ah!", parte de su lema de campaña, "¡Uh, ah, Chávez no se va!".[183]

Y, por supuesto, de peor gusto ha sido la ocasión en que, también en cadena nacional, el 3 de agosto de 2008, el Presidente narró experiencias muy íntimas de sus peripecias personales ante un cólico que sufrió durante un acto oficial. Pero sin duda alguna, qué puede sorprender de un presidente que es capaz de utilizar la expresión "victoria de mierda" para referirse al resultado electoral de la oposición democrática el 2 de diciembre de 2007 cuando el pueblo rechazó su inconstitucional proyecto de reforma de la Constitución:

El presidente venezolano, Hugo Chávez, dijo hoy que la oposición logró un triunfo "de mierda" el domingo con el rechazo en las urnas de su reforma constitucional, y reiteró su intención de volver a someter a referendo esa propuesta "socialista". En una aparición inesperada en medio de una rueda de prensa del Alto Mando Militar, en la sede del Gobierno, Chávez aseveró que el rechazo po-

---

183 *El Mercurio* online, jueves 29 de junio de 2004, 11:45 am, Chile.

pular a su proyecto de reforma "fue una victoria de mierda" para la oposición y una "derrota de coraje" para su "revolución".

El proyecto de Chávez para modificar 69 de los 350 artículos de la Constitución de 1999 fue rechazado el domingo en referendo en una relación de 51 votos a 49, con una abstención del 44,11 por ciento.[184]

ADQUISICIÓN Y POTENCIACIÓN DE MEDIOS DE COMUNICACIÓN DEL GOBIERNO

> "Si no fuera por estos medios, que están en manos de la oligarquía y atacan y mienten y manipulan tanto, el apoyo al Gobierno, a la revolución, estaría en mucho más del 80 por ciento".
>
> (HUGO CHÁVEZ, 2 DE MARZO DE 2009)

Fuera del campo habitacional, de la salud y de la inseguridad, donde los fracasos de la administración pública son tan notables, lo comunicacional puede contarse entre las mayores defraudaciones del teniente coronel Chávez a las expectativas ciudadanas. Transcurridos once años de mandato, el gobierno nacional, de espaldas a la Constitución y a pesar de toda la palabrería usada, no ha garantizado a los venezolano servicios públicos de radio y televisión como manda el artículo 108 de la Carta Magna.

A las abusivas cadenas, a sus maratónicos *Aló Presidente* (y sus desmedidas reposiciones), a sus consejos de ministros televisados y su perenne presencia radioeléctrica vía "avances noticiosos", debe sumarse el potente parque gubernamental y paraestatal que el Presidente ha ido amasando, con particular intensidad, durante los últimos años.

Apoderándose de frecuencias habilitadas o adquiriendo al-

---

184 Agencia EFE, Caracas, Venezuela,. 05 de diciembre de 2007.

guna concesión privada, el Gobierno (que no el Estado) ha ido consolidando una amplia plataforma comunicacional al servicio del proyecto político de Hugo Chávez. A partir de la exagerada influencia que atribuye al poder de los medios, la administración chavista se empeña en el desarrollo de su hegemonía comunicacional mediante la gestión directa de radios, televisoras y la sumisión absoluta de la radiotelevisión comunitaria.

En el presente el Gobierno tiene el control directo de 348 emisoras de radio: 26 en amplitud modulada (AM), 79 en frecuencia modulada (FM), 243 radios comunitarias, canales de televisión, medios impresos, plataformas digitales que configuran un andamiaje comunicacional de envergadura. Dado el desempeño discriminatorio, el marcado proselitismo y la uniformidad del discurso propagandístico centrado en el culto a la personalidad del Jefe del Estado, se hace evidente el divorcio de tal poder comunicacional con los supuestos de la democratización de las comunicaciones que enarbolan los voceros oficiales y sobre todo la traición al compromiso de ofrecer a los venezolanos un servicio público de radiotelevisión.[185]

Circuito Radio Nacional de Venezuela, RNV

El 29 de julio de 1936, la que en su inició se llamó Radio Difusora Nacional de Venezuela, creada por decreto presidencial del general Eleazar López Contreras, ofrece su primera transmisión a control remoto desde el Palacio de Miraflores con la alocución presidencial de año nuevo en diciembre de ese mismo año. En 1987, bajo el gobierno de Jaime Lusinch, la emisora adquiere el estatuto de servicio autónomo bajo el nombre de Radio Nacional de Venezuela. Durante mucho tiempo considerada la cenicienta de la radiodifusión venezolana, con el

---

185 En la medianoche del 27 al 28 de abril de 2010, el Presidente de la República anunció su cuenta en Twitter, @chavezcandanga, cuyos mensajes suele revisar en público, en programas de televisión o en cadena. Meses antes, en tono crítico, había dicho que había que "meterle el ojo" a las redes sociales.

gobierno de Hugo Chávez tiene una vigoroso proceso de expansión y de fortalecimiento de su infraestructura técnica, pero se coloca al servicio exclusivo de la ideología oficialista y del culto a la personalidad del teniente coronel Chávez.

En el presente Radio Nacional de Venezuela conforma un circuito de numerosos canales: Canal Informativo (630 AM) ,con una programación esencialmente propagandística y de opinión que poco tiene que ver con la información; Canal Clásico, originalmente destinado a la difusión de obras musicales nacionales y extranjeras de corte clásico, así como de una programación cultural variada; el más reciente Canal Activa (103.9 Activa FM). En su portal web se mencionan el Canal Musical, destinado a la difusión de música ligera y popular y la Onda Corta Internacional, cuya programación se concentraría en la difusión de noticias e informaciones a nivel internacional. Para la zona central del país se han estrenado las señales del Canal Juvenil 88.9 FM y del Canal Clásico 89.5 FM, ubicadas en Aletón, municipio Carlos Arvelo del estado Carabobo. La cobertura de estas dos frecuencias alcanza además los municipios Los Guayos, Valencia, Libertador, Naguanagua, San Diego, San Joaquín, Guacara y Diego Ibarra del estado Carabobo y, en el estado Aragua, los municipios Girardot, Mario Briceño Iragorry y Santiago Mariño.

RNV Activa 103.9 FM

Activa 103.9 FM fue creada en mayo de 2005 con programación fundamentalmente dirigida a niños y jóvenes y, de acuerdo con los lineamientos del Ministerio de Comunicación e Información, para que "ayude a la creación de conciencia de los nuevos valores de la juventud venezolana y permita formar ciudadanos íntegros que construyan un mejor país". Se incorpora al Circuito RNV. Es una emisora de claro aliento proselitista.

Circuito YVKE Mundial

Uno de los momentos claves que marcan un salto significativo de las radioemisoras en manos del Gobierno ocurre a partir de la apropiación de las emisoras que el Fondo de Garantías de Depósitos y Protección Bancaria (Fogade) entregó al Ministerio de Comunicación e Información como consecuencia del litigio con el Grupo Financiero Latinoamericana Progreso concesionario del circuito YVKE Mundial. El Gobierno maneja ahora directamente un poderoso circuito de alcance nacional: Mundial Margarita, Mundial Zulia, Mundial Los Andes, Mundial Andina, Mundial Regional, Mundial Machiques y Mundial Petroquímica, entre otras.

Tiuna FM (La Voz de la Fuerza Armada Nacional)

La emisora Tiuna, La Voz de la Fuerza Armada Nacional, se transmite en frecuencia modulada por el dial 101.9 FM y tiene cobertura nacional a través del Sicodena, circuito radial militar de Venezuela. Fue creada el 19 de abril de 2005 y se define como "una emisora radial de corte comercial (sic), sin fines de lucro, con ámbito institucional, a fin de mantener un canal comunicacional al personal militar y civil del Fuerte Tiuna. La página web de Tiuna FM es muy clara respecto de los objetivos de esta singular emisora:

> Fortalecer el mensaje institucional militar, las relaciones inter e intra institucionales, así como disponer de un medio de comunicación expedito y confiable para conducir la opinión pública regional y nacional, en caso de ser necesario. b) Servir como vehículo comunicacional en caso de ejercicios u operaciones de guerra asimétrica. c) Tener un medio seguro y controlado por el Estado. d) *Una herramienta para fortalecer o desarrollar acciones de guerra psicológica.*[186]

Claro, también transmite música venezolana y, los domingos, el *Aló Presidente*.

---

186 www.mindefensa.gov.ve/RadioTiunaFM/index.php (destacado nuestro).

Venezolana de televisión (VTV)

El canal 8, Venezolana de Televisión, el otrora canal de todos los venezolanos, muestra la más clara mutación al convertirse en la televisión del partido del Gobierno y, en particular, el canal del Presidente de la República. De alcance nacional, ha recibido cuantiosas inversiones y modernización de su plataforma tecnológica, aunque su programación está determinada por la agenda, bastante televisiva, del teniente coronel Chávez. Bajo la astuta modalidad de "avances informativos" y de "jornada especial informativa", el canal 8 ha sido dispuesto al servicio exclusivo y a los intereses propagandísticos y proselitistas del partido en el gobierno. En la gestión de su programación, de facto, Conatel ha eximido a Venezolana de Televisión del cumplimiento de la Ley Resorte.

Vive TV (2004)

En 2004, con una inversión inicial de diez mil millones de bolívares, el Gobierno inicia operaciones de una nueva televisora oficial, Vive TV, utilizando la sede de la Biblioteca Nacional. En el acto inaugural el propio Presidente marcó el propósito del nuevo medio: "Con este nuevo canal, se le dará una batalla fuerte a la aberración comunicacional (...)". En su oportunidad, el ministro de turno, Andrés Izarra, explicó que para impulsar y apoyar las producciones independientes se utilizarían recursos del Fondo de Responsabilidad Social establecido por Conatel, además de créditos facilitados por el Banco de Desarrollo Social (Bandes).

Vive TV es una suerte de canal comunitario, de producciones muy precarias y con una determinada por la cobertura absoluta de la agenda presidencial. Al igual que los otros canales del Estado, no existe en éste una grilla de programación que se respete, ni mucho menos ningún acato a las disposiciones de la Ley Resorte.

ANTV

El canal de la Asamblea Nacional (ANTV) hizo su primera transmisión el 12 de marzo de 2005 por el sistema de cable y el 28 de diciembre de 2006 en señal abierta por el canal 62 para el Área Metropolitana de Caracas. Luego de cinco años de existencia, a partir del 18 de marzo de 2010, con la transmisión de los Juegos Suramericanos de Medellín, Colombia, inicia el período de prueba para transmitir a todos los países de América Latina y el Caribe gracias al Satélite Simón Bolívar. De acuerdo con informaciones de su portal web, Cuba, Brasil, Argentina, Perú, Bolivia, Ecuador, Colombia, Paraguay, Uruguay, República Dominicana, Haití, Jamaica, es decir, Centroamérica, toda Suramérica sin los extremos sur de Chile y Argentina, ya están recibiendo la señal de ANTV.

Aunque ANTV se presenta como un canal de comunicación abierta entre la Asamblea Nacional y la ciudadanía, la ANTV cumple particularmente funciones político-ideológicas y está integrada al llamado sistema nacional de medios públicos (sic). La oposición democrática, incluso los parlamentarios disidentes, no tiene ninguna cabida en la política informativa y editorial de este canal.

Telesur (Canal de TV para el Sur), 24 de julio de 2005

Con sede en Venezuela, desde el 24 de julio de 2005, Telesur, la nueva televisión del Sur, nace de una sentida aspiración latinoamericana: contar con un medio que permita, a todos los habitantes de esta vasta región, difundir sus propios valores, divulgar su propia imagen, debatir sus propias ideas y transmitir sus propios contenidos, libre y equitativamente:

> En su discurso de apertura del Grupo de los 15, el presidente venezolano dijo que "en el Sur somos víctimas del monopolio mediático del Norte (...) Para enfrentar y comenzar a cambiar esta realidad, me atrevo a proponer la creación de un canal de televisión,

que podría ser captado en todo el mundo, con la información y las imágenes del Sur".[187]

Si bien lo señalado podría ser un loable propósito, la verdad es que Telesur funciona como una agencia internacional de propaganda chavista y al servicio de los aliados circunstanciales continentales de Chávez. La cobertura informativa de los distintos eventos siempre se hace favoreciendo la perspectiva política del gobierno venezolano y, al igual que en Venezuela, silenciando o minimizando otras voces no favorables o con óptica distinta. A pesar de ser un canal de vocación internacional, Telesur suele acoplarse a la cadena de medios oficiales nacionales cuando el presidente venezolano está en pantalla.

Telesur comenzó sus operacicones en el edificio contiguo desde donde funciona Venezolana de Televisión y, de acuerdo con lo que indican sus directivos, tiene cobertura en las principales ciudades de América Latina, en Francia, España y Portugal y en tres ciudades de Estados Unidos: Los Ángeles, Nueva York y Washington.

Otros supuestos países propietarios de Telesur son Argentina (20 por ciento), Cuba (19 por ciento) y Uruguay (10 por ciento), aunque quien pone la plata contante y sonante es el presidente Chávez con el dinero de los venezolanos. Evidentemente, los gobiernos de estos países responden a una simpatía por el proyecto venezolano, en correspondencia con en el sector político que representan en sus naciones.

En su momento dirigida por el ministro de Comunicaciones, este funcionario tuvo que dimitir de su cargo para dar una imagen de mayor imparcialidad.

El canal oficial y punta de lanza de la comunicación internacional del Gobierno, que ahora también ocupa la señal del desaparecido CMT, Telesur Venezuela (sic), tiene convenios con representantes de las televisoras comunitarias con el respal-

---

187 *El Universal*, 28 de febrero de 2004.

do de la Dirección de Medios Alternativos y Comunitarios del Ministerio de Comunicación e Información. Difunden la señal de Telesur: Canal Z, TV Puerto, TV Petare, Teletambores, TV Bailadores, Catia TV, Montaña TV, Jaureguina, TV Rubio y TV Michelena, entre otros.

Es importante destacar la renuencia de Brasil a participar en el proyecto y su decisión de buscar una salida propia e independiente.

CMT (Canal Metropolitano de Televisión)

Fundado en 1993 por Umberto Petricca Zugaro, emitía en señal UHF, canal 51, para el área metropolitana de Caracas, el estado Miranda y Barquisimeto, canal 43 en Calabozo, Zulia y Puerto Ordaz, y canal 21 en San Cristóbal. En diciembre de 2006 fue adquirido por el Estado venezolano para destinarlo a la frecuencia nacional de Telesur.

Ávila TV

Creada en julio de 2006 y adscrita a la Alcaldía Metropolitana de Caracas, transmite por la señal 47 con cobertura para todo el área metropolitana. Televisora "juvenil, revolucionaria y popular" como se autocalifica, intenta una propuesta irreverente para ocuparse de los asuntos urbanos. Editorial e informativamente está totalmente adscrita al ideario de la revolución (sic). Con el triunfo del alcalde Antonio Ledezma en noviembre de 2008, mediante argucias legales fue transferida al Ministerio de Comunicaciones para formar parte de la red nacional de medios públicos (sic).

Nacimiento de TVES

Sin siquiera esperar a que se agotaran los recursos jurídicos de RCTV para continuar emitiendo, el mandatario del Palacio de Miraflores firmó, el 11 de mayo de 2007, el decreto por el que se creaba un nuevo canal oficial que operaría en la frecuencia que se arrebataba a RCTV. En su corta existencia TVES no ha logrado construir una oferta programática mínimamente atractiva, mantiene unos muy precarios niveles de *rating* y su estructura, programación y funcionamiento no se corresponde con ninguno de los estándares de un canal de servicio público no gubernamental.

El nacimiento de TVES sólo tiene explicación en el marco de la estrategia de cerco a la libertad de expresión que tratamos de exponer a lo largo de este texto:

> El modelo político en proceso de implantación en Venezuela, de imposición de un pensamiento único, liderado por un militar ex golpista devenido en caudillo mesiánico portador de la verdad absoluta, dispuesto a procurarnos "la mayor suma de felicidad", así sea en contra de nuestra propia voluntad, es imposible de llevar adelante con medios de comunicación que tengan una línea editorial independiente (...) El nacimiento de TVES en lugar de producirse bajo el espíritu de apertura, pluralidad y reconciliación de todos los venezolanos que apostamos por mejoras sustanciales en la calidad de la oferta programática de la televisión venezolana, ocurre bajo el sino de la exclusión, la intemperancia y la polarización.[188]

> Con el cierre despiadado de RCTV, la estrategia de dominio y el talante autocrático del teniente coronel Chávez quedó al descubierto. En las distintas marchas y concentraciones de rechazo al cierre de RCTV y en defensa de la libertad de expresión, ante la ocupación de la frecuencia del canal 2 por una televisión dizque de servicio público, TVES, una pequeña pancarta de apenas tres palabras resume para mí, con la maravilla del ingenio venezolano, el fondo y corazón del drama venezolano pocas veces perceptible para muchos extranjeros: "Como tirano TVES".[189]

---

188 "Como tirano TVES", Óscar Lucien, *El Nacional*, junio de 2007.
189 Ibídem.

Si bien no es propiamente un canal del Estado sino un canal de gestión privada, las circunstancias de su aparición lo asocian a los intereses gubernamentales. El nuevo canal, que opera en la señal y las instalaciones del anterior Puma TV, es propiedad de Wilmer Ruperti, empresario cercano al Gobierno. Aunque al comienzo se pensó que sería un canal de noticias, su programación es variada, tipo "magazine ligero". Un programa de opinión a dos voces, *Contrapeso*, inaugurado en enero de 2008 y que contaba con la presencia crítica de Idania Chirinos junto a Vladimir Villegas (a quien se asociaba al oficialismo), fue sacado del aire ocho meses después, en forma intempestiva, por supuestas presiones del entorno oficial.

Al frente del canal estuvo la periodista Maripili Hernández, ex funcionaria del régimen y activa militante del partido de gobierno.

Radiotelevisión comunitaria

Emisoras fantasmas, medios ilegales, plataformas políticas, constituyen las frecuentes quejas de los operadores de servicios radioeléctricos respecto de las radios comunitarias. A través de la Cámara Venezolana de Radiodifusión, o a título privado, denuncian ante Conatel el funcionamiento de numerosas emisoras establecidas bajo el supuesto de la actividad comunitaria pero que operan ilegalmente y sin ningún tipo de control, perjudicando sus operaciones que, por el contrario, reciben un riguroso control por el organismo regulador. Como en otros ámbitos de la acción del Gobierno, aquí también se ha desnaturalizado el objetivo y propósito de la radiotelevisión comunitaria: en lugar de servir como una radio y televisión de "proximidad", vinculada a los intereses y expectativas más inmediatas de los habitantes de las zonas donde operan, han sido subordinadas a la ideología del régimen y a servir como caja de resonancia del discurso oficial. Se estima que existen unas 243 radios comunitarias operando en todo el país.

En 2004 la Cámara Venezolana de la Industria de la Radiodifusión denunció la existencia de más de 165 emisoras llamadas comunitarias que no cumplían con los requisitos legales para su funcionamiento y carecían del otorgamiento oficial de uso de frecuencias. Al mismo tiempo se otorgan masivas autorizaciones a supuestas emisoras comunitarias mientras se mantiene paralizado el trámite de la habilitación a centenares de operadores inscritos en el organismo gremial, que cumplen con los requisitos legales. Para ese mismo año, en el marco del Segundo Foro Internacional y Primer Festival de Medios Comunitarios, el Presidente de la República anunciaba la creación de un Fondo Cooperativo de Desarrollo para impulsar los medios comunitarios con una asignación de cinco millardos de bolívares:

> El fondo es el primer paso para que en el primer trimestre de 2004 comience a operar la Agencia Informativa de la Red Venezolana de Medios Comunitarios, que contará con una "plataforma tecnológica de distribución satelital, a disposición de cada medio comunitario, lo cual les permite transmitir a todo el país y desde éste a capitales europeas y norteamericanas". El Gobierno alquiló un satélite por 60 horas mensuales (2 horas diarias) para tal fin.[190]

En todo el país operan 243 emisoras comunitarias y 24 televisoras comunales distribuidas de la siguiente manera: Anzoátegui, 1; Aragua, 3; Bolívar, 2; Distrito Capital, 2; Falcón, 1; Guárico, 1; Lara, 1; Mérida, 2; Miranda, 1; Sucre, 1; Táchira, 5; Yaracuy, 2; Vargas, 1; Zulia, 1.

También en el campo de los medios impresos la ofensiva comunicacional del Gobierno ha tenido un incremento sostenido. Numerosas publicaciones impresas, entre semanarios, mensuales y periódicos alineados con el oficialismo tanto en sus líneas editoriales como en la agenda informativa, circulan en todo el territorio nacional. Muchos de ellos bajo el amparo de fundaciones avaladas desde la Presidencia de la República y

---

190 *El Universal*, 24 de octubre de 2003.

particularmente con una abultada pauta publicitaria manejada a discreción.

Por otro lado están todas las publicaciones editadas por los propios ministerios, otros organismos del Estado y por los gobiernos locales y regionales. Quizá los de mayor importancia, por las personas involucradas y por marcar la agenda oficialista, sean *VEA* y el *Correo del Orinoco*.

Diario VEA

Fundado en 2003 por Guillermo García Ponce, viejo militante y fundador del Partido Comunista de Venezuela, aunque no es de "derecho" el diario oficial del Gobierno, encarna plenamente ese rol. Tanto su posición editorial como su línea informativa están al absoluto servicio del gobierno del presidente Chávez. *VEA* es un tabloide de circulación nacional y se beneficia de una abultada pauta publicitaria oficial. Tiene una versión digital.

Correo del Orinoco[191]

En junio de 2009 la edición "0" del nuevo periódico *Correo del Orinoco*, una publicación del Ministerio de la Cultura, se distribuyó encartado en el diario *VEA*. Dirigido por la periodista Vanessa Davies, ancla del Partido Socialista Unido de Venezuela en VTV, es de circulación diaria y nace con el propósito de "enfrentar las mentiras sobre la revolución". En el acto de su presentación, el Presidente de la República se comprometió a redactar diariamente el editorial. También existe una edición en inglés, el *Correo del Orinoco International*, con el propósito de producir noticias e informaciones para una audiencia internacional que muestren perspectivas y aspectos humanos, los lados positivos del gobierno del presidente Chávez.

---

191 El *Correo del Orinoco* fue creado por Simón Bolívar en Angostura y circuló de 1818 a 1822 para promover la gesta independentista.

7. REACCIÓN SOCIAL

MATEN AL MENSAJERO

El ejercicio del periodismo requiere de un comunicador consciente de su responsabilidad de intermediación entre los acontecimientos y los ciudadanos. Sin tutela del gobierno ni de corporación mediática alguna.

Lamentablemente, desde la llegada del presidente Chávez al poder se nos ha hecho común ver a los periodistas y reporteros gráficos realizar su trabajo protegidos con chalecos antibalas y máscaras antigases, como si asistieran a un campo de batalla de una guerra (aparentemente) no declarada. Desde su alta investidura el Presidente de la República sostiene un discurso agresivo, descalificador y degradante contra los medios de comunicación y contra los periodistas que en ellos laboran.

Seguidores fanáticos del Presidente agreden de manera permanente a los trabajadores de la prensa y deterioran sus vehículos, convirtiendo el periodismo, efectivamente, en una profesión de alto riesgo. La absoluta impunidad en que resultan estos ataques tanto a las personas como a las sedes de medios impresos y audiovisuales no es sino una agravante más de esta delicada situación.

Existe la clara percepción, y en algunos casos la convicción de la existencia de una correlación entre el discurso violento del Presidente y los ataques a los medios y a los periodistas:

En su "Informe sobre la situación de los derechos humanos en Venezuela" (2003), la CIDH advirtió que se "podía constatar que ciertos discursos del presidente Hugo Chávez Frías en contra de los medios de comunicación podían ser interpretados por sus seguidores como una exhortación a las agresiones hacia ellos. La CIDH (...) pudo apreciar que en algunas circunstancias los discursos del presidente Chávez eran seguidos por actos de agresión física. El Presidente, como cualquier persona en Venezuela, tiene el derecho a expresarse libremente y a opinar acerca de quienes cree opositores. Pero su discurso debe cuidar no ser interpretado como una incitación a la violencia.[192]

El reclamo social

Complace reconocer que la sociedad venezolana y la comunidad internacional se han mostrado atentas y vigilantes contra las descalificaciones e insultos presidenciales, las agresiones a los comunicadores, la coerción impositiva, la persecución legal, los intentos de censura, en fin, no han permanecido impasibles ante el cerco a la libertad de expresión en nuestro país.

En Venezuela una de las organizaciones que ha expresado mayor constancia y consecuencia en sus reclamos ha sido sin duda alguna el Sindicato Nacional de Trabajadores de la Prensa (SNTP). A través de comunicados, manifiestos y otras declaraciones públicas ha fijado oportuna posición sobre agravios a los medios y a sus comunicadores. En febrero de 2002, Gregorio Salazar, secretario general del SNTP, junto a Rigoberto Trujillo, presidente del Círculo de Reporteros Gráficos de Venezuela, publican una carta abierta dirigida al Presidente de la República, que contiene lo que serán lineamientos permanentes de las reacciones de este gremio periodístico en su digna postura de defensa de la libertad de expresión:

---

192 "Informe sobre la situación de los derechos humanos en Venezuela", CIDH, diciembre de 2009.

Desde hace más de dos años, señor Presidente, venimos soportando un discurso descalificador, injusto y desconsiderado, mediante el cual se nos pretende presentar como profesionales sin ética, tarifados y puestos al servicio de intereses subalternos, con intenciones amarillistas, sensacionalistas o mercantilistas. Esa imagen que se ha querido proyectar del periodista venezolano y de los trabajadores de la prensa no se corresponde con lo que ha sido la trayectoria decorosa de decenas de generaciones de comunicadores venezolanos que a lo largo de muchas décadas han trabajado con responsabilidad y sentido patriótico de su deber para contribuir al desarrollo pacífico, armónico y próspero de nuestro país.[193]

También por esos días de febrero, la Federación Internacional de Periodistas, al igual que sus colegas venezolanos, dirige una comunicación al Jefe del Estado manifestándole su preocupación por las continuas agresiones contra periodistas y medios de comunicación venezolanos que "vienen a propósito del enfrentamiento del sector gubernamental con la prensa independiente u opositora, y el reiterado ataque formulado de manera genérica por usted (el Presidente) contra los periodistas":

En América Latina, señor Presidente, se sabe de los repetidos ataques de las personas de su entorno político contra quienes tienen el deber de informar al pueblo venezolano (...) Recurrimos a usted para que disponga las medidas que son propias en todo Estado democrático y social de Derecho y de Justicia, a fin de que no se repitan las agresiones contra los diarios *El Universal*, *Así es la Noticia* y los frecuentes ataques contra los reporteros de *El Universal*, Radio Caracas Televisión y Globovisión.[194]

---

193 Carta abierta de Gregorio Salazar, secretario general del Sindicato Nacional de Trabajadores de la Prensa, y Rigoberto Trujillo, presidente del Círculo de Reporteros Gráficos de Venezuela, *El Nacional*, 24 de febrero de 2002.

194 Carta fechada en Lima el 23 de febrero del 2002 y firmada por Roberto Mejía Alarcón, Seccional Latinoamericana de Derechos Humanos de la Federación Internacional de Periodistas (FIP), *El Nacional*, 27 de febero de 2002.

También vale citar el contundente manifiesto firmado por más de 600 comunicadores en defensa de su profesión:

> Y cuando analizamos la situación en la que en la que como reporteros, fotógrafos, camarógrafos, asistentes y trabajadores en general de la comunicación social debemos cumplir con el deber de llevar a nuestros conciudadanos las informaciones sobre el acontecer nacional, nos encontramos con que las sistemáticas agresiones verbales de las que somos víctimas, principalmente por parte del ciudadano Presidente de la República, han conducido al extremo de estigmatizar a nuestros propios instrumentos de trabajo, al punto de que el solo hecho de portarlos genera agresiones físicas y verbales por parte de grupos de exaltados, identificados con el régimen, que forman parte del pueblo al cual servimos y nos debemos.[195]

Pero quizá también podríamos tomar el testimonio de un periodista conocido como cercano al Gobierno y, en particular, al Jefe del Estado, el actual director del diario *Últimas Noticias*, Eleazar Díaz Rangel:

> ¿Hasta cuándo se producirán agresiones verbales y físicas contra periodistas? Es cierto que casi nunca vienen directamente de policías u organismos gubernamentales, pero en la mayoría de los casos son de grupos fanáticos partidarios del Gobierno. Alguien debe controlarlos. Si no lo hacen desde el Comando Político de la Revolución o desde el MVR, tienen que hacerlo las autoridades correspondientes, y tanto la Fiscalía como la Defensoría deben mostrarse más diligentes con las denuncias que han estado recibiendo.[196]

---

195 Manifiesto por la paz y la democracia en defensa del libre ejercicio del periodismo.
196 "Los domingos de Díaz Rangel", *Últimas Noticias*, 24 de febrero de 2002.

O de Maripili Hernández, periodista, funcionaria y militante del partido de gobierno:

> La descalificación nunca ha sido la manera adecuada para defender una idea. Cuando se producen diferencias de criterios, insultar, calumniar o hurgar en la vida privada del adversario, simplemente es poco ético. No puedo aceptar que a través de un artículo homónimo en su título a este, se haga referencia a algunos colegas que han mantenido una postura abiertamente contraria al Gobierno y se les tilde de "narcoperiodistas".[197]

También está el documento firmado por varios centenares de académicos en solidaridad con los periodistas víctimas de agresiones de las bandas parapoliciales oficialistas:

> Los círculos bolivarianos han acosado siempre a los medios de comunicación, tomando por asalto algunos de ellos, como ocurrió el 10 de diciembre. En más de 200 oportunidades, los periodistas y camarógrafos han sido agredidos con golpes, piedras y perdigones y algunos han salvado sus vidas gracias al chaleco blindado que ya forma parte de su equipo. El fotógrafo Jorge Tortoza, asesinado el 11 de abril, no corrió con esa suerte.[198]

De manera permanente instituciones y asociaciones gremiales se han pronunciado sobre la precaria situación del ejercicio de la libertad de expresión en nuestro país: las ONG Provea, Espacio Público, Expresión Libre, el Bloque de Prensa Venezolano (BPV), el Colegio Nacional de Periodistas (CNP), el Instituto de Investigaciones de la Comunicación (Ininco), la Asociación Nacional de Anunciantes (ANDA), la Cámara Venezolana de la Industria de la Radiodifusión, la Cámara Ve-

---

197 Maripili Hernández, Directiva Nacional del MVR, *El Universal*, 16 de marzo de 2002.

198 "Manifiesto de 311 académicos venezolanos", *El Nacional*, 25 de enero de 2003.

nezolana de Televisión, la Sociedad Interamericana de Prensa (SIP), la Federación Latinoamericana de Prensa Periódica (Flapp), la Asociación Internacional de Radiodifusión (AIR), la Federación Venezolana de Agencias de Publicidad (Fevap), la Federación Internacional de Periodistas (FIP), Reporteros sin Fronteras (RSF), el Instituto Internacional de Prensa (IPI), el Comité para la Protección de Periodistas (CPJ), la Fundación Internacional para la Libertad, que preside Mario Vargas Llosa, la Fundación Konrad Adenauer, Human Rights Watch (HRW), la Asociación de Prensa Interamericana (IAPA), la Asociación Mundial de Diarios, la Organización de Periodistas Iberoamericanos (OPI), la Asociación de Prensa Extranjera en Venezuela, la Comisión Andina de Juristas, la Asociación Mundial de Periódicos (WAN) se han manifestado en innumerables ocasiones denunciando bien sea agresiones puntuales o en general el ambiento hostil para el ejercicio de la libertad de prensa y el respeto al derecho a la información.

Vale la pena recordar que el periodista José Miguel Vivanco, presidente de Human Rights Watch, vivió en carne propia la intolerancia gubernamental al ser expulsado del país en noviembre de 2008 por unas declaraciones suyas consideradas inconvenientes por el teniente coronel Chávez.

Para concluir, recordemos "la misa por la paz y la tolerancia" que congregó a periodistas, reporteros gráficos y camarógrafos en la iglesia Santa Teresa de Caracas, oficiada por el sacerdote Arturo Sosa, quien comparó la labor del periodista con "el pastor del rebaño cristiano, capaz de dar la vida por sus ovejas". En la ceremonia se oró por el cese a las agresiones por motivos políticos.

8. IRRESPETO AL MARCO INTERNACIONAL:
"¡Vayan a lavarse ese paltó!"

A comienzos de mayo de 2007 se conoce en Venezuela una declaración de la Comisión Interamericana de Derechos Humanos (CIDH) referida a la amenaza de cierre de RCTV, en la cual se acusa al Estado venezolano de violar la libertad de expresión, de atentar contra la integridad de los periodistas y trabajadores de RCTV, de violar las garantías judiciales y la protección a los trabajadores de dicha planta televisiva. La respuesta del Jefe del Estado no se hizo esperar: *¡Vayan a lavarse ese paltó!*, tronó, una vez más, el teniente coronel Chávez.

¿Sorpresa? No. Este ha sido el tono y la conducta del gobierno venezolano frente a las numerosas declaraciones, denuncias y demandas de la Comisión Interamericana de Derechos Humanos como de la corte misma. Displicencia, discurso altisonante, desacato.

La CIDH ha dictado numerosas medidas cautelares en defensa de la libertad de expresión en Venezuela y de protección a trabajadores y periodistas que se han estrellado contra los oídos sordos y el desacato del Jefe del Estado y del Tribunal Supremo de Justicia, supuesto garante de la constitucionalidad de los pactos y tratados legítimamente firmados por la república.

Casos muy notorios han sido las medidas de la Corte Interamericana en beneficio de decenas de periodistas como Marta Colomina, Liliana Velásquez, Ibéyise Pacheco, Patricia Poleo, Marianella Salazar, Luisiana Ríos, y a favor, igualmente, de los camarógrafos Armando Amaya, Antonio José Monroy y Argenis Uribe. También se han producido medidas a favor de Venevisión, Televen, RCTV, Globovisión y los diarios *El Universal*, *El Nacional* y *Así es la Noticia*.

Tanto los dictámenes de la Comisión como de la Corte Interamericana expresan con reiteración que se acuerdan medidas provisionales en beneficio de los periodistas, directivos y trabajadores de medios de comunicación venezolanos por considerar que sus derechos a la vida, integridad personal y libertad de expresión se encuentran en una situación de grave riesgo, visto además el continuo incumplimiento por parte del Estado venezolano a las medidas cautelares acordadas por la Comisión Interamericana de Derechos Humanos a favor de dichos medios.

Por la claridad, solidez y pertinencia de sus apreciaciones citamos *in extenso* el informe de la CIDH de 2009, "Democracia y derechos humanos en Venezuela", que sintetiza de manera ejemplar las recomendaciones que ese organismo ha ofrecido al gobierno venezolano:

- Adecuar la legislación interna conforme a los parámetros establecidos en la Convención Americana sobre Derechos Humanos, la Declaración Americana de los Derechos y Deberes del Hombre y la Declaración de Principios sobre Libertad de Expresión. En particular, se deben derogar las disposiciones sobre desacato, vilipendio e injuria a la Fuerza Armada Nacional. Asimismo, se debe modificar el texto del artículo 29.1 de la Ley de Responsabilidad Social en Radio y Televisión, los artículos 9, 10 y 11 de la Ley Orgánica de Educación, y la Resolución No. 047 del Ministerio del Poder Popular para la Comunicación e Información, Normas sobre los Mecanismos y las Condiciones de Asignación de los Espacios a los Productores Nacionales Independientes en los Prestadores de Servicios de Radio.
- Asegurar que el uso de la facultad de utilizar en cadena a los medios de comunicación para difundir mensajes

estatales, se adecue a los estándares interamericanos, especialmente en cuanto se refiere a la satisfacción del requisito de estricta necesidad. En particular, se debe revisar el artículo 192 de la Ley Orgánica de Telecomunicaciones y el artículo 10 de la Ley de Responsabilidad Social en Radio y Televisión.

- Garantizar la más absoluta imparcialidad y el debido proceso en todos los procedimientos administrativos y judiciales para exigir el cumplimiento de la legislación sobre radiodifusión. En particular, la apertura de tales procedimientos y la imposición de sanciones deben estar a cargo de órganos imparciales e independientes, regularse por normas legales de contenido preciso y delimitado y regirse por lo dispuesto en el artículo 13 de la Convención Americana. En ningún caso la línea editorial del medio puede ser un factor relevante para la adopción de cualquier decisión en esta materia.

- Someter todas las decisiones en materia de radiodifusión a las leyes, la Constitución y los tratados internacionales vigentes y respetar estrictamente todas las garantías del debido proceso, el principio de buena fe y los estándares interamericanos que garantizan el derecho a la libertad de expresión de todas las personas sin discriminación. Asegurar que ninguna de sus actuaciones esté motivada o dirigida a premiar a los medios que comparten su política de gobierno o castigar a aquellos que son críticos o independientes.

- Mantener desde las más altas instancias estatales la condena pública de los actos de violencia contra los comunicadores sociales y medios de comunicación, con el fin de prevenir acciones que fomenten estos crímenes y de evitar que se siga desarrollando un clima de estigmatización hacia quienes defienden una línea crítica de las acciones del Gobierno.

- Asegurar que los funcionarios públicos se abstengan

de realizar declaraciones que generen un ambiente de intimidación que limite el derecho a la libertad de expresión. En particular, el Estado debe crear un clima en el cual todas las personas puedan exponer sus ideas u opiniones sin miedo a ser perseguidos, agredidos o sancionados por ello.

- Adoptar las medidas que sean necesarias para proteger la vida, la integridad personal de los comunicadores sociales y la protección de la infraestructura de los medios de comunicación. En particular, el Estado tiene la obligación de realizar investigaciones serias, imparciales y efectivas de los hechos de violencia y hostigamiento contra los periodistas y medios de comunicación, identificando, juzgando y sancionando a sus responsables.

- Promover la incorporación de los estándares internacionales sobre libertad de expresión desde las instancias judiciales, pues constituyen herramientas eficaces para la protección y garantía del marco normativo sobre libertad de expresión vigente.

El gobierno venezolano, en palabras del Jefe del Estado, lo calificó de inefable e ignominioso (sic) y amenazó con el retiro de nuestro país de la Comisión Interamericana de Derechos Humanos:

(Vamos) a prepararnos para denunciar el acuerdo a través del cual Venezuela se adscribió, o como se llame a esa nefasta Comisión Interamericana de Derechos Humanos y salirnos de ahí, pues. ¿Pa' qué? No vale la pena, es una mafia lo que hay ahí.[199]

A manera de síntesis remató con que la CIDH era "pura basura", y su secretario, Santiago Cantón, un "excremento puro".

---

199 Portal digital elmundo.es, jueves 25 de febrero de 2010.

Dos hechos testimonian el talante de este régimen respecto de la libertad de expresión y de la actuación de los activistas de derechos humanos. El 22 de abril de 2009 José Miguel Vivanco, director ejecutivo de la organización no gubernamental Human Rights Watch, fue expulsado del país por el gobierno venezolano molesto por unas declaraciones suyas. Compulsivamente, la policía política lo sacó del hotel en el que encontraba hospedado y expulsado en el primer avión que salía de Venezuela la misma noche de su detención.

> El gobierno de Venezuela ha expulsado del país al director para América de la ONG Human Rights Watch (HRW), José Miguel Vivanco, después de que presentara un informe crítico sobre la situación de las libertades públicas en el país durante los diez años de mandato del presidente Hugo Chávez.[200]

La Asamblea Nacional apoyó la acción del Ejecutivo y en palabras del diputado Saúl Ortega, miembro de la Comisión de Política Exterior, descalificó a HRW como agente del Departamento de Estado de los Estados Unidos y de Vivanco afirmó que era

> …un personajillo que hace lo que le ordena el imperio, un mercenario que actúa con el apoyo de los medios nacionales e internacionales enemigos de la revolución venezolana.[201]

Igual suerte tuvo el eurodiputado Luis Herrero por emitir opiniones críticas sobre el proceso electoral venezolano. Secuestrado en su hotel, fue expulsado el mismo día en el vuelo nocturno que salía a Sao Paulo, Brasil.

---

200 www.elpais.com/artículo/internacional/Venezuela.
201 Ídem.

9. NAVEGANDO EN EL MAR DE LA FELICIDAD

La clemencia del editor, a todas luces consciente de la gravedad de lo ocurrido en la Asamblea Nacional de Venezuela en el diciembre negro legislativo de 2010, hace posible que pueda agregar estas breves líneas a un libro que, concluido unos meses antes, se encontraba en su etapa final de impresión.

Vanidades aparte, habría preferido que *Cerco rojo a la libertad de expresión* hubiese quedado en alguna medida desactualizado respecto de algunos relevantes hechos del segundo semestre de 2010 y que los graves designios que habíamos descrito a lo largo de sus doscientas páginas quedaran meramente como una franca y preocupada advertencia de las crecientes e incesantes limitaciones a la libertad de expresión y al derecho a la información en nuestro país. Sin embargo, y para desgracia de la vigencia de la democracia en Venezuela, la Asamblea Nacional, en abierto fraude a la voluntad popular expresada el 26 de septiembre de 2010, la cual dictaminó una representación parlamentaria más consecuente con la pluralidad de la opinión política del país, dio un paso crucial de talante autoritario al aprobar, sin la obligada consulta pública que establece la Constitución de la República, sendas reformas a la Ley de Responsabilidad Social en Radio y Televisión (que ahora incluye los medios electrónicos) y a la Ley Orgánica de Telecomunicaciones, que suman a Venezuela al exclusivo club de países (China, Cuba, Irán, Bielorrusia, entre otros) que mantienen un control estatal sobre los medios de comunicación, incluido internet y las redes sociales asociadas, y criminalizan la opinión libre e independiente.

Con la aprobación de las reformas a la Ley Resorte, ahora Ley de Responsabilidad Social en Radio, Televisión y Medios Electrónicos[202], y a la Ley Orgánica de Telecomunicaciones[203], con el agravante de la inconstitucional habilitación aprobada por la Asamblea Nacional para que el Presidente de la República legisle durante dieciocho meses a su real saber y entender en amplias materias, entre las que expresamente se incluyen lo comunicacional, el ejercicio de los derechos y garantías relativas a la libertad de expresión y al derecho a la información, que quedan definitivamente limitados y subordinados a la discrecionalidad del Jefe del Estado.

Con las rebuscadas modificaciones introducidas a los instrumentos legales vigentes, se completa y afina la arquitectura legal para silenciar a los medios de comunicación venezolanos, extendiéndose el férreo lazo criminalizador y punitivo del Gobierno a los medios electrónicos. Estas reformas legislativas, realizadas entre gallos y medianoche por una asamblea nacional sesionando a la carrera, apenas dos semanas antes del término de la legislatura, constituyen la más contundente evidencia de que el cerco a la libertad de expresión, como hemos tratado de demostrar en estas páginas, forma parte de un plan sistemático para silenciar a los venezolanos e imponer, contra la voluntad popular expresada el 2 de diciembre de 2007, un modelo similar al de la dictadura de los hermanos Castro en Cuba, que el presidente venezolano Hugo Chávez califica de "mar de la felicidad".

La referencia a Cuba no es ociosa. Harto conocida es la admiración y sumisión del teniente coronel Chávez a los dictados del octogenario dictador Fidel Castro y el tutelaje que este impone a la revolución bolivariana. Servicios y áreas sensibles de

---

202 *Gaceta Oficial* N° 39.579, miércoles 22 de diciembre de 2010.
203 *Gaceta Oficial* N° 6.015 Extraordinario, martes 28, de diciembre de 2010.

la educación, de la salud, de los servicios de identidad e inmigración, de registros y notarías, de la seguridad del Presidente y, en particular, de las comunicaciones, están bajo gestión directa de agentes cubanos. En esta materia vale la pena recordar la presencia en Caracas, en febrero de 2010, del para entonces ministro cubano de Informática y Comunicaciones, comandante Ramiro Valdés, la cual, justamente, causó mucho revuelo porque se dijo en esa oportunidad que su visita no tenía nada que ver con la crisis eléctrica que atravesaba el país (justificación oficial de su viaje), sino que estaría vinculada con los velados planes gubernamentales de controlar internet.

Asimismo, descontando que en Cuba sólo existe una única prensa impresa en manos del Estado, que la radio y la televisión también son estatales y que los ciudadanos cubanos no tienen acceso libre a internet (privilegio de extranjeros), la referencia a Cuba resulta muy pertinente por cuanto la pretensión del presidente Chávez de embarcar a nuestro país en ese "mar de felicidad" cubano fue expresamente rechazada el 2 de diciembre de 2007 en referendo popular.

Antes de referirnos sumariamente a lo sustancial de las reformas a la Ley Resorte y a la Lotel, siempre justificadas en el excesivo celo que el Gobierno declara en la protección (sic) de los niños y adolescentes y en su condición de administrador del espacio radioeléctrico, vale la pena destacar que el talante contralor y represivo del gobierno transita también por otros espacios. Por ejemplo, en febrero de 2010 el joven Miguel Ángel Hernández asistió a un partido de béisbol (muy popular en Venezuela) vistiendo una camiseta con la imagen de Homero Simpson y la inscripción "Hugo me cago en tu revolución". Al momento que la Guardia Nacional se percató de su vestimenta, fue acosado por los funcionarios, obligado a abandonar el estadio, detenido y posteriormente sometido a una averiguación penal con régimen de presentación mensual. Hernández podría verse frente a una sentencia de seis meses a dos años y medio de cárcel.

De igual forma se han abierto averiguaciones por mensajes enviados a través de Twitter (supuestamente desestabilizadores del sistema bancario) y jóvenes usuarios del Metro de Caracas han sido hostigados por funcionarios policiales por el envío de mensajes y fotografías desde sus teléfonos celulares, que dan cuenta del mal estado y el pésimo funcionamiento de ese fundamental transporte colectivo. Pero, sin duda alguna, uno de los casos más relevantes que dan cuenta de que la pretensión de cerco trasciende los dominios de la radiotelevisión y de las plataformas digitales fue el intento de censura y persecución penal contra el diario *El Nacional* en agosto de 2010 (cf. supra 66).

REFORMA A LA LEY RESORTE[204]

En el presente, visto el repertorio de limitaciones y atentados a la libertad de expresión, resulta fácil reconocer, como dice el dicho popular, que este gobierno "no da puntada sin dedal". Vale la pena citar como un antecedente de interés para esta decisión de la Asamblea Nacional de reformar la Ley Resorte y la Lotel, el cambio de adscripción de Conatel, del Ministerio de Transporte y Comunicaciones a la Vicepresidencia de la República, anunciado por el propio vicepresidente Elías Jaua en agosto de 2010:

> En consideración de que en este momento las telecomunicaciones son un área estratégica para la democracia venezolana y para la estabilidad política del país, (Conatel) debe tener una adscripción del más alto nivel(...).[205]

La motivación para nada oculta de estos reacomodos administrativos y legislativos, lejos de favorecer la democratiza-

---

204 *Gaceta Oficial* N° 39.579, miércoles 22 de diciembre de 2010.
205 Decreto 7.588, publicado en la *Gaceta Oficial* número 39.479, miércoles 4 de agosto de 2010.

ción de las comunicaciones, tienen el propósito de dar mayor control al Presidente de la República.

> En todas las democracias occidentales los entes reguladores son autónomos; son independientes de los grupos económicos de poder y del Gobierno, sus autoridades deben ser designadas por el Parlamento, tal como se nombran al Fiscal General y a los magistrados, pero con esta decisión Conatel va a contracorriente. Si se pretende que sea un organismo regulador debería ser autónomo, pero no es autónoma una institución que depende de la Vicepresidencia, como tampoco lo era antes porque dependía de un ministerio. Es evidente que no responde a las demandas de la sociedad sino a decisiones políticas de Miraflores.[206]

Los cambios introducidos a las ahora nuevas leyes, de Responsabilidad Social en Radio, Televisión y Medios Electrónicos y a la de telecomunicaciones, coronan finalmente la pretensión hegemónica del gobierno del teniente coronel Chávez luego de varios intentos previos oportunamente denunciados y rechazados por activos sectores académicos y políticos de la sociedad democrática venezolana[207], con el respaldo internacional: las abortadas Ley de Inteligencia y Contrainteligencia (conocida popularmente como Ley Sapo), la Ley contra los Delitos Mediáticos, la Ley de Telecomunicaciones, Servicios Postales

---

206 Óscar Lucien, declaración al diario *La Verdad*, 5 de agosto de 2010.

207 "Una agresión física, acompañada de amenazas de muerte, se perpetró en la mañana del jueves 16 de diciembre de 2010 en contra de activistas de la organización no gubernamental Espacio Público, y muy especialmente en contra de su coordinador Carlos José Correa (en las inmediaciones de la Asamblea Nacional). Al lugar se habían dirigido activistas de derechos humanos y comunicadores sociales agrupados en la Alianza por la Libertad de Expresión, entre los cuales se encontraban los activistas de Espacio Público Carlos José Correa, Marianna Belalba, Gloria Salazar y Erika Rosales, para presentar ante la Asamblea Nacional un escrito de alegatos y opiniones respecto de las modificaciones a varias leyes relacionadas con la institucionalidad y la libertad de expresión y opinión" (reseña tomada del portal web Espacio Público).

e Informática, entre otros tantos esperpentos jurídicos paridos por la revolución. Sin embargo, vale la pena citar también que diversos artículos, contenidos o alcances perniciosos de estos fracasados proyectos se encuentran camuflados en otros instrumentos legales, como la Ley de Defensa de la Soberanía Política y Autodeterminación Nacional, la por ahora vetada Ley de Educación Universitaria, la Ley de Ciencia, Tecnología e Innovación, todas votadas a la carrera y de espaldas a la ciudadanía en el diciembre negro legislativo de 2010. Valga notar también como detalle revelador que la Ley de Educación Universitaria fue sancionada a las cuatro de la madrugada del jueves 23 de diciembre por unos diputados que en la misma sesión parlamentaria, a más tempranas horas, habían votado un nuevo Reglamento de Interior y de Debates que reducía a una semanal las sesiones de la futura Legislatura y limitaba los derechos de palabra a diez minutos, con el inconfesado propósito de cercar a la nueva representación parlamentaria que se instalaría en enero de 2011.

Si bien hubo algunos cambios en relación con los primeros borradores que se filtraron a la opinión pública, lo esencial de la racionalidad totalitaria del instrumento se mantiene vigente, más allá de cualquier maquillaje cosmético.

La nueva Ley de Responsabilidad Social en Radio, Televisión y Medios Electrónicos amplía considerablemente los tipos susceptibles de sanciones y los deja a la discrecionalidad de los funcionarios de Conatel. Estos son los tipos de mensajes que discrimina la ley en el artículo 29: a) Aquellos que promuevan, hagan apología o inciten a la guerra; b) Aquellos que promuevan, hagan apología o inciten a alteraciones del orden público; c) Aquellos que promuevan, hagan apología o inciten al delito; d) Aquellos que pudieran incitar o promover el odio y la intolerancia por razones religiosas, políticas, por diferencia de género, por racismo o xenofobia; e) Aquellos que pudieran ser discriminatorios; f) Aquellos que pudieran ser contrarios a la seguridad de la Nación; g) Aquellos que sean anónimos;

h) Aquellos que pudieran constituir propaganda de guerra; i) Aquellos que puedan constituir manipulaciones mediáticas dirigidas a fomentar zozobra en la ciudadanía o alterar el orden público; j) Aquellos que estén destinados a desconocer las autoridades legítimamente constituidas, irrespetar a los poderes públicos o personas que ejerzan dichos cargos; k) Aquellos que pudieran inducir al homicidio.

Tal amplitud del marco regulatorio, vigente ya en buena medida para los medios radioeléctricos, se extiende ahora a internet: los proveedores de servicios estarán en la obligación de establecer mecanismos que permitan restringir tales contenidos a solicitud de Conatel, organismo habilitado para aplicar medidas cautelares. De acuerdo con esta nueva ley, "El prestador de servicios de radio, televisión o difusión por suscripción, *proveedor de servicio de internet o cualquier servicio de divulgación audiovisual, sonoro u otros medios electrónicos, será solidariamente responsable* de la infracción cometida por el productor nacional independiente, anunciante o proveedor de contenido(...)".

La nueva Ley Resorte establece un cambio en los bloques de horarios (artículo 7), al ampliar en tres horas (una en la mañana y dos en la noche) el llamado "horario todo usuario", que pasa a ser de 6:00 am a 9:00 pm; limita a un solo bloque el "horario supervisado" (la ley anterior determinaba dos: de 5:00 am a 7:00 am y de 7:00 pm a 9:00 pm), el cual queda comprendido entre 9:00 pm y 12:00 am. Por último, el "horario adulto" queda establecido de 12:00 am a 6:00 am. En este mismo artículo se determina también que 50% de las radionovelas o telenovelas transmitidas en los horarios "todo usuario" y "supervisado" deberá ser de producción nacional.

Finalmente, la Ley Resorte renovada incrementa el monto de las sanciones y establece hasta el 10 por ciento de los ingresos brutos correspondientes al año anterior a la infracción y/o suspensión hasta por setenta y dos horas continuas de sus transmisiones.

Reforma a la Ley Orgánica de Telecomunicaciones

Sin duda alguna el punto álgido de reforma a la Ley Orgánica de Telecomunicaciones es la transformación del estatuto de "interés general" de las comunicaciones para declararlas de "servicio público" y de reserva del Estado venezolano (léase Gobierno). De acuerdo con el criterio coincidente de distintos especialistas consultados sobre la materia, esta decisión incrementa considerablemente el poder tutelar y discrecional del ente regulador para "decidir sobre la actividad e intervenir sobre las mismas". En consecuencia, las comunicaciones privadas de los ciudadanos pueden ser limitadas, suspendidas o restringidas según la libre discrecionalidad de un funcionario público.

Según la nueva Lotel las concesiones sólo serán otorgadas a personas domiciliadas en el país, salvo las excepciones previstas en convenios internacionales, y tendrán carácter "personalísimo", por lo que no podrán ser heredadas. Con esta modificación se refuerza un estatuto legal a acciones como las que determinaron el cierre de emisoras de radio en 2009.

En el artículo 19, referido a las habilitaciones administrativas y concesiones, establece (numeral 5): "Descripción de las inversiones y bienes vinculados a la prestación del servicio, los cuales quedarán sujetos a reversión, de conformidad con lo establecido en esta Ley...", lo que debe entenderse como una prevención normativa para justificar el decomiso de equipos propios de las operaciones de las empresas de radio, televisión y telecomunicaciones. También en esta materia existe el perverso precedente de lo ocurrido con los equipos de transmisión de la clausurada RCTV.

Otro aspecto relevante es la reducción de 25 a 15 años de la vigencia de las concesiones.

EPÍLOGO

Regalo del Niño Jesús: "Custodios de la información"

El 24 de diciembre de 2010, tradicional festivo cristiano y que los venezolanos celebran con rituales intercambios de regalos, se hizo pública la existencia de la *Gaceta Oficial* N° 39.578, del martes 21 de diciembre. Heterodoxo presente a la ciudadanía, esta publicación contiene la Normativa de Clasificación y Tratamiento de la Información en la Administración Pública, dictada por la Superintendencia de Servicios de Certificación Electrónica (Suscerte), organismo adscrito al Ministerio de Ciencia y Tecnología, según la cual "toda información generada por la institución no podrá ser publicada o revelada al público en general sin la previa autorización debida y formal de la unidad responsable de la imagen institucional o de la máxima autoridad de la institución". De acuerdo con esta nueva providencia administrativa, que en atención a la generalidad y vaguedad de los criterios que deberán aplicar los custodios de la información (sic) instaura de manera explícita la censura previa en los organismos oficiales,

> ...la información pública deberá clasificarse por importancia económica, política, social, de imagen pública y/o estratégica para la institución que la genera. No obstante, la clasificación publicada en la *Gaceta Oficial* sólo incluye criterios vagos y generales que deberán ser

aplicados por los "custodios de la información" -así define la norma a
quienes producen la información- para saber si los datos deben catalogarse como no públicos. Si un organismo decide que la información
que genera posee importancia política o pudiera afectar su "imagen
pública" podrá catalogarse como confidencial y no estará en la obligación de divulgarla.[208]

Como hemos señalado en páginas anteriores, esta nueva
normativa oficial es otro claro testimonio de cómo se transmu-
tan en otras leyes, reglamentos y providencias administrativas,
contenidos rechazados de otros proyectos y particularmente de
lo negado en la consulta-referendo del 2 de diciembre de 2007:

> La providencia dictada por el Suscerte se relaciona con la creación
> del Centro de Estudio Situacional de la Nación (Cesna), instancia
> -aún inoperante- encargada de "analizar todas las informaciones que
> provengan del Estado y de la sociedad sobre cualquier aspecto de in-
> terés nacional", para declararla de "carácter reservado, clasificado o de
> divulgación limitada".[209]

En efecto, durante el diciembre negro legislativo la Asamblea Nacional aprobó una veintena de leyes que incorporan o
desarrollan contenidos rechazados en la (mal llamada) reforma
a la Constitución: notoriamente las llamadas leyes del poder
popular (Ley Orgánica del Poder Popular, Ley Orgánica de
Contraloría Social, Ley Orgánica de Planificación Pública y
Popular, Ley Orgánica de las Comunas y Ley Orgánica del
Sistema Económico Comunal). ¿Sorpresa? No. Si bien es cierto que la sociedad democrática ha calificado de emboscada la
conducta fraudulenta de la Asamblea Nacional al aprobar sin la
obligada consulta pública el paquete de leyes cuando faltaban
apenas días para una nueva legislatura; si bien es verdad que el

---

208   Eugenio G. Martínez, *El Universal*, 24 de diciembre de 2010.
209   Ibíd.

Gobierno ha tomado medidas pseudolegales y administrativas aplicando contenidos de la rechazada reforma, es sobre todo notoria la voluntad de desacato a la voluntad popular que ya anunciaba el teniente coronel Chávez el mismo 3 diciembre de 2007 al conocer la negación a su propuesta:

> Ni una sola coma de esta propuesta yo retiro. Continúo haciendo la propuesta al pueblo venezolano. Esta propuesta está viva, no está muerta. No se pudo por ahora, pero la mantengo.[210]

¿EXISTE LIBERTAD DE EXPRESIÓN EN VENEZUELA?

Hemos intentado exponer un punto de vista, con un mínimo de soporte documental, sobre la realidad del ejercicio de la libertad de expresión y del derecho a la información en nuestro país. Es obvio que no se trata de un informe exhaustivo, sino que busca ejemplificar con los casos considerados más emblemáticos. Creemos haber demostrado, o al menos expuesto, pertinente información para responder negativamente esa interrogante: acoso tributario y fiscalización, agresiones físicas, intimidación, autocensura, uso discrecional de la pauta de propaganda del Gobierno, cierre de las fuentes de información, cierre de medios, abusivas cadenas, resaltan en el panorama comunicacional venezolano.

Confío, modestamente, haber descrito suficientes razones para indicar que en Venezuela la libertad de expresión está amenazada; que sólo el coraje y compromiso de comunicadores, propietarios, directivos de los medios que aún defienden políticas informativas y editoriales independientes, del mismo modo que la voluntad democrática de usuarios, consumidores y productores de medios y contenidos libres, mantienen abierta una mínima ventana para amparar al país de la autocracia militarista empeñada en volvernos a los momentos más siniestros de nuestra historia política. Pero, sin duda alguna, la emboscada

---

210 *El Universal*, 26 de diciembre de 2010. Reseña de Pedro Pablo Peñaloza.

legislativa de diciembre de 2010 introduce una vuelta de tuerca determinante.

El paquetazo legislativo de la Asamblea Nacional y la habilitación presidencial, la sumisión de los poderes públicos al arbitrio absoluto del Presidente la República, la inoperancia del Estado de derecho, la inobservancia de altos oficiales de la Fuerza Armada Nacional del artículo 328 constitucional (que consagra que en el cumplimiento de sus funciones está al servicio exclusivo del país y en ningún caso al de persona o parcialidad política alguna) y el predominio del culto a la personalidad del Jefe del Estado, impiden cualquier eufemismo para referirnos al régimen vigente en Venezuela: dictadura. Y las dictaduras son incompatibles con la existencia de medios de comunicación libres e independientes:

> El día de Navidad de 2010 amaneció en un país en dictadura. Venezuela ha sucumbido a la férula de otro mandón, azote carente de talento y de probidad. También de formación, autocontrol, sentido del ridículo y observación de las normas que regulan la conducta del varón honorable. Y, lo peor, privado del más mínimo rastro de apego nacionalista...
>
> Esta columna no contendrá un análisis de los hechos. No es necesario. Lamentablemente, todo venezolano, por joven que sea, es capaz de distinguir una dictadura cuando la tiene delante. Nadie está desavisado aquí. Todo el mundo sabe con qué fiereza se ha desatado el mal en estas madrugadas a cuya sombra no ha trabajado sino el crimen. No hay, pues, un solo venezolano que pueda usar de coartada la ignorancia o la inocencia. Todos sabemos que nos han forzado a entonar el villancico de la tiranía.[211]

Confío, no obstante, en que el ADN democrático de los venezolanos contenga suficiente fortaleza para resistir estos

---

211 "Siempre habrá una estrella", Milagros Socorro, *El Nacional*, 26 de diciembre de 2010.

embates dictatoriales y que en Venezuela podamos recuperar más temprano que tarde las condiciones propicias para la libre expresión del pensamiento, de las garantías para el derecho a la información para, en definitiva, vivir y progresar en paz.

Caracas, diciembre de 2010

ANEXOS

Anexo i
Declaración de Principios sobre Libertad
de Expresión

1. La libertad de expresión, en todas sus formas y manifestaciones, es un derecho fundamental e inalienable, inherente a todas las personas. Es, además, un requisito indispensable para la existencia misma de una sociedad democrática.

2. Toda persona tiene el derecho a buscar, recibir y difundir información y opiniones libremente en los términos que estipula el artículo 13 de la Convención Americana sobre Derechos Humanos. Todas las personas deben contar con igualdad de oportunidades para recibir, buscar e impartir información por cualquier medio de comunicación sin discriminación, por ningún motivo, inclusive los de raza, color, religión, sexo, idioma, opiniones políticas o de cualquier otra índole, origen nacional o social, posición económica, nacimiento o cualquier otra condición social.

3. Toda persona tiene el derecho a acceder a la información sobre sí misma o sus bienes en forma expedita y no onerosa, ya esté contenida en bases de datos, registros públicos o privados y, en el caso de que fuere necesario, actualizarla, rectificarla y/o enmendarla.

4. El acceso a la información en poder del Estado es un derecho fundamental de los individuos. Los Estados están obliga-

dos a garantizar el ejercicio de este derecho. Este principio sólo admite limitaciones excepcionales que deben estar establecidas previamente por la ley para el caso que exista un peligro real e inminente que amenace la seguridad nacional en sociedades democráticas.

5. La censura previa, interferencia o presión directa o indirecta sobre cualquier expresión, opinión o información difundida a través de cualquier medio de comunicación oral, escrito, artístico, visual o electrónico, debe estar prohibida por la ley. Las restricciones en la circulación libre de ideas y opiniones, como así también la imposición arbitraria de información y la creación de obstáculos al libre flujo informativo, violan el derecho a la libertad de expresión.

6. Toda persona tiene derecho a comunicar sus opiniones por cualquier medio y forma. La colegiación obligatoria o la exigencia de títulos para el ejercicio de la actividad periodística constituyen una restricción ilegítima a la libertad de expresión. La actividad periodística debe regirse por conductas éticas, las cuales en ningún caso pueden ser impuestas por los Estados.

7. Condicionamientos previos, tales como veracidad, oportunidad o imparcialidad por parte de los Estados son incompatibles con el derecho a la libertad de expresión reconocido en los instrumentos internacionales.

8. Todo comunicador social tiene derecho a la reserva de sus fuentes de información, apuntes y archivos personales y profesionales.

9. El asesinato, secuestro, intimidación, amenaza a los comunicadores sociales, así como la destrucción material de los medios de comunicación, viola los derechos fundamentales de las personas y coarta severamente la libertad de expresión. Es deber de los Estados prevenir e investigar estos hechos, sancionar a sus autores y asegurar a las víctimas una reparación adecuada.

10. Las leyes de privacidad no deben inhibir ni restringir la investigación y difusión de información de interés público. La

protección a la reputación debe estar garantizada sólo a través de sanciones civiles, en los casos en que la persona ofendida sea un funcionario público o persona pública o particular que se haya involucrado voluntariamente en asuntos de interés público. Además, en estos casos, debe probarse que en la difusión de las noticias el comunicador tuvo intención de infligir daño o pleno conocimiento de que se estaba difundiendo noticias falsas o se condujo con manifiesta negligencia en la búsqueda de la verdad o falsedad de las mismas.

11. Los funcionarios públicos están sujetos a un mayor escrutinio por parte de la sociedad. Las leyes que penalizan la expresión ofensiva dirigida a funcionarios públicos generalmente conocidas como "leyes de desacato" atentan contra la libertad de expresión y el derecho a la información.

12. Los monopolios u oligopolios en la propiedad y control de los medios de comunicación deben estar sujetos a leyes antimonopólicas por cuanto conspiran contra la democracia al restringir la pluralidad y diversidad que asegura el pleno ejercicio del derecho a la información de los ciudadanos. En ningún caso esas leyes deben ser exclusivas para los medios de comunicación. Las asignaciones de radio y televisión deben considerar criterios democráticos que garanticen una igualdad de oportunidades para todos los individuos en el acceso a los mismos.

13. La utilización del poder del Estado y los recursos de la hacienda pública; la concesión de prebendas arancelarias; la asignación arbitraria y discriminatoria de publicidad oficial y créditos oficiales; el otorgamiento de frecuencias de radio y televisión, entre otros, con el objetivo de presionar y castigar o premiar y privilegiar a los comunicadores sociales y a los medios de comunicación en función de sus líneas informativas, atenta contra la libertad de expresión y deben estar expresamente prohibidos por la ley. Los medios de comunicación social tienen derecho a realizar su labor en forma independiente. Presiones directas o indirectas dirigidas a silenciar la labor informativa de

los comunicadores sociales son incompatibles con la libertad de expresión.

DISPOSICIONES TRANSITORIAS DE LA LOT

1. Decreto N° 2.427 de fecha 1° de febrero de 1984, mediante el cual se establece el Reglamento de Radiocomunicaciones, publicado en la *Gaceta Oficial* N° 3.336 de fecha 1 de febrero de 1984.

2. Resolución N° 703, de fecha 06 de marzo de 1969, publicada en *Gaceta Oficial* N° 28.883, de fecha 23 de marzo de 1969, mediante la cual se regula los programas de concursos.

3. Decreto N° 1.200 de fecha 11 de septiembre de 1981, publicado en *Gaceta Oficial* N° 32.310 de la misma fecha, mediante el cual se prohíbe la transmisión de publicidad de bebidas alcohólicas.

4. Decreto N° 598 de fecha 03 de diciembre de 1974, publicado en la Gaceta Oficial N° 30.569, de fecha 09 de enero de 1975, referido a la obligación que tiene las estaciones de radiodifusión sonora de incluir en su programación musical diaria, al menos, cincuenta por ciento (50%) de música venezolana en sus distintas manifestaciones: folklórica, típica o popular.

5. Reglamento sobre la Operación de las Estaciones de Radiodifusión Sonora dictado mediante Decreto N° 2.771 de fecha 21 de enero de 1993, publicado en la *Gaceta Oficial* Ext. 4.530 de fecha 10 de febrero de 1993.

6. Decreto N° 996 de fecha 19 de marzo de 1981, publicado en la *Gaceta Oficial de la República de Venezuela* N° 32.192, de fecha 20 de marzo de 1981, referido a la prohibición de la transmisión de publicidad directa o indirecta de cigarrillo y manufactura del tabaco.

7. Decreto N° 849 del 21 de noviembre de 1980, publicado en la *Gaceta Oficial de la República de Venezuela* N° 32.116, del 21 de noviembre de 1980, referido a la prohibición de transmisión de publicidad de cigarrillos y demás productos derivados

de la manufactura del tabaco a través de las estaciones de radio-difusión audiovisual.

8. Reglamento Parcial sobre Transmisiones de Televisión publicado mediante Decreto N° 2.625 del 5 de noviembre de 1992, publicado en la *Gaceta Oficial de la República de Venezuela* N° 35.996, del 20 de noviembre de 1992.

9. Decreto No. 525 de fecha 12 de enero de 1959, mediante el cual establece el Reglamento General de Alimentos publicado en *Gaceta Oficial* No. 25.864 de fecha 16 de enero de 1959.

10. Las disposiciones previstas en materia de contenido de transmisiones y comunicaciones cursadas a través de los distintos medios de telecomunicaciones, establecidas en la Ley Orgánica de Educación, Ley Orgánica sobre Sustancias Estupefacientes y Psicotrópicas, Ley Orgánica para la Protección del Niño y el Adolescente, Ley de Defensa contra Enfermedades Venéreas, y en Ley Orgánica del Sufragio y Participación Política.

Parágrafo único: Hasta tanto se dicte la ley que regule el contenido de las transmisiones y comunicaciones cursadas a través de los distintos medios de telecomunicación, la Comisión Nacional de Telecomunicaciones seguirá encargada de velar por el fiel cumplimiento de la regulación a que se refiere este artículo y de las que, en esta materia, dicte el Ejecutivo Nacional.

(Fuente: Ley Orgánica de Telecomunicaciones, *Gaceta Oficial* No. 36.970, 12 de junio de 2000.)

Anexo 3
Artículos modificados en el Código Penal

Artículo 148. El que ofendiere de palabra o por escrito, o de cualquiera otra manera irrespetare al Presidente de la República o a quien esté haciendo sus veces, será castigado con prisión de seis a treinta meses, si la ofensa fuere grave, y con la mitad de esta pena, si fuere leve.

La pena se aumentará en una tercera parte si la ofensa se hubiere hecho públicamente.

Si la ofensa fuere contra el Presidente de alguna de las Cámaras Legislativas o el Presidente de la Corte Suprema de Justicia, la pena será de cuatro meses a dos años, cuando la ofensa fuere grave, y con la mitad de esta pena, cuando fuere leve.

Artículo 149. Cuando los hechos especificados en el artículo precedente se efectuaren contra el Gobernador de alguno de los Estados de la Unión, o contra los Ministros del Despacho, Secretario General del Presidente de la República, Gobernadores del Distrito Federal o de los Territorios Federales, los Vocales de la Corte Suprema de Justicia, los Presidentes de las Legislaturas de los Estados y los Jueces Superiores, o contra la persona que esté haciendo sus veces, la pena indicada en dicho artículo se reducirá a su mitad, y a su tercera parte si se trata de Presidentes de Concejos Municipales, Prefectos de Departamentos del Distrito Federal o Jefes Civiles de Distrito.

Artículo 150. Cualquiera que vilipendiare públicamente al Congreso, a las Cámaras Legislativas Nacionales, a la Corte Suprema de Justicia o al Gabinete o Consejo de Ministros, así como a alguna de las Legislaturas o Asambleas Legislativas de los Estados de la Unión o a algunos de los Tribunales Superiores, será castigado con prisión de quince días a diez meses.

En la mitad de dicha pena incurrirán los que cometieren los hechos a que se refiere este artículo, con respecto a los Concejos Municipales.

La pena se aumentará proporcionalmente en la mitad si la ofensa se hubiere cometido hallándose las expresadas Corporaciones en ejercicio de sus funciones oficiales.

Artículo 151. Corresponde a los Tribunales de Justicia determinar sobre la gravedad o lenidad de las ofensas a que se refieren los artículos 148, 149 y 150.

Artículo 152. El enjuiciamiento por los hechos de que hablan los artículos precedentes no se hace lugar sino mediante requerimiento de la persona o cuerpo ofendido, hecho por conducto del Representante del Ministerio Público, ante el Juez competente.

Artículo 223. El que de palabra u obra ofendiere de alguna manera el honor, la reputación o el decoro de un miembro del Congreso, o de algún funcionario público, será castigado del modo que sigue, si el hecho ha tenido lugar en su presencia y con motivo de sus funciones:

1º. Si la ofensa se ha dirigido contra algún agente de la fuerza pública, con prisión de uno a tres meses.

2º. Si la ofensa se ha dirigido contra un miembro del Congreso o algún funcionario público, con prisión de un mes a un año según la categoría de dichas personas.

Artículo 224. Si el hecho previsto en el artículo precedente ha sido acompañado de violencia o amenaza, se castigará con prisión de tres a dieciocho meses.

Cualquiera que de algún otro modo y fuera de los casos previstos en el Capítulo anterior, haga uso de violencia o amenaza, contra un miembro del Congreso o algún funcionario público, si el hecho tiene lugar con motivo de las funciones del ofendido, será castigado con las mismas penas.

Artículo 225. Cuando alguno de los hechos previstos en los artículos precedentes se haya cometido contra algún funcionario público, no por causa de sus funciones, sino en el momento mismo de estar ejerciéndolas, se aplicarán las mismas penas, reducidas de una tercera parte a la mitad.

Artículo 226. El que de palabra o de obra ofendiere de alguna manera el honor, la reputación, decoro o dignidad de algún cuerpo judicial, político o administrativo, si el delito se ha cometido en el acto de hallarse constituido, o de algún magistrado en audiencia, será castigado con prisión de tres meses a dos años.

Si el culpable ha hecho uso de violencia o amenazas, la prisión será de seis meses a tres años.

El enjuiciamiento no se hará lugar sino mediante requerimiento del cuerpo ofendido. Si el delito se ha cometido contra cuerpos no reunidos, el enjuiciamiento sólo se hará lugar mediante requerimiento de los miembros que los presiden.

Este requerimiento se dirigirá al Representante del Ministerio Público para que promueva lo conducente.

Artículo 227. En los casos previstos en los artículos precedentes, no se admitirá al culpable prueba alguna sobre la verdad ni aun sobre la notoriedad de los hechos o de los defectos imputados a la parte ofendida.

Artículo 444. El que comunicándose con varias personas reunidas o separadas, hubiese imputado a algún individuo un hecho determinado capaz de exponerlo al desprecio o al odio público, u ofensivo a su honor o reputación, será castigado con prisión de tres a dieciocho meses.

Si el delito se cometiere en documento público o con escritos, dibujos divulgados o expuestos al público, o con otros medios de publicidad, la pena será de seis a treinta meses de prisión.

Artículo 445. Al individuo culpado del delito de difamación no se le permitirá prueba de la verdad o notoriedad del hecho difamatorio sino en los casos siguientes:

1º. Cuando la persona ofendida es algún funcionario público y siempre que el hecho que se le haya imputado se relacione con el ejercicio de su ministerio; salvo, sin embargo, las disposiciones de los artículos 223 y 227.

2º. Cuando por el hecho imputado se iniciare o hubiere juicio pendiente contra el difamado.

3º. Cuando el querellante solicite formalmente que en la sentencia se pronuncie también sobre la verdad o falsedad del hecho difamatorio.

Si la verdad del hecho se probare o si la persona difamada quedare, por causa de la difamación, condenada por este hecho el autor de la difamación estará exento de la pena, salvo el caso de que los medios empleados constituyesen por sí mismos el delito previsto en el artículo que sigue.

Artículo 446. Todo individuo que en comunicación con varias personas, juntas o separadas, hubiere ofendido de alguna manera el honor, la reputación o el decoro de alguna persona, será castigado con arresto de tres a ocho días o multa de veinticinco a ciento cincuenta bolívares.

Si el hecho se ha cometido en presencia del ofendido, aunque esté solo, o por medio de algún escrito que se le hubiere dirigido, o en lugar público, la pena podrá elevarse a treinta días de prisión o quinientos bolívares de multa, y si con la presencia del ofendido concurre la publicidad, la pena podrá elevarse hasta cuarenta y cinco días de prisión o a seiscientos bolívares de multa.

Si el hecho se ha cometido haciendo uso de los medios indicados en el aparte del artículo 444, la pena de prisión será por tiempo de quince días a tres meses, o multa de ciento cincuenta a mil quinientos bolívares.

Artículo 447. Cuando el delito previsto en el artículo precedente se haya cometido contra alguna persona legítimamente encargada de algún servicio público, en su presencia y por razón de dicho servicio, el culpable será castigado con arresto de quince a cuarenta y cinco días. Si hay publicidad, la prisión podrá imponerse de uno a dos meses.

Artículo 450. En caso de condenación por alguno de los delitos especificados en el presente Capítulo, el Juez declara la confiscación y supresión de los impresos, dibujos y demás objetos que hayan servido para cometer el delito; y si se trata de escritos, respecto de los cuales no pudiere acordarse la supresión, dispondrá que al margen de ellos se haga referencia de la sentencia que se dicte relativamente al caso.

A petición del querellante, la sentencia condenatoria será publicada a costa del condenado, una o dos veces, en los diarios que indicará el Juez.

Emisoras confiscadas en agosto de 2009

Amazonas

1130 AM, Erasmo Núñez (renuncia del título por omisión de la solicitud de transformación según el artículo 210).
107.5 FM Órbita, Abel Cermeño.

Anzoátegui

970 AM, José Bringa, Barcelona.

Bolívar

Upata: Canal 7 TV, José David Natera.
Ciudad Bolívar: 96.9 FM, Ramón Rafael Castro Mata.

Carabobo

Valencia: 100,1 FM, Nelson Belfort Dividin.
Puerto Cabello: 98.3 FM, Pedro Ezequiel Listuit.

Caracas

CNB 102.3 FM, Rosa Rodríguez de Huescáfore.

Delta Amacuro

Tucupita: 1270 AM, Sócrates Hernández.

Falcón

Punto Fijo: CNB 100.1, Nelson Belfort Dividin.
Punto Fijo: 96.1 FM, Ramón Jesús Méndez (93.7 FM)

Guárico

99.1 FM, Bernando José Donaire.

Mérida

106.3 FM, Rubén Antonio Chirinos.

Miranda

1520 AM, Guillermo Obel Mejías.

Emisora FM, Guillermo Obel Mejías.

1550 AM, Monseñor Bernando Heredia (extinción por fallecimiento).

97.1 FM, Monseñor Bernando Heredia.

92.1 FM, Gabriel Robinson, Charallave.

1230 AM, Radio Barlovento, Caucagua.

96.9 FM, Carlos Herci, El Hatillo.

Nueva Esparta

99.1 FM, Arturo Gil Escala.

92.9 FM, Ramón Borra Gómez.

1140 AM, Sucesión Pedro Sosa Guzmán.

Portuguesa

1170 AM, Ramón Ramírez Meléndez, Acarigua.

Sucre

103.3 FM, Luìs Salazar Núñez.

600 AM, Luís Salazar Núñez.

Táchira

730 AM, Modesto Marchena.

94.5 FM, Arturo Álvarez Leal.

Vargas

Canal 26 UHF, Catia La Mar.

106.9 FM, Alcides Delgado.

Zulia

105.1 FM, Guido Briceño.

102.1 FM, Luis Guillermo Gouvea.

1430 AM, Ciro Ávila Moreno, Ciudad Ojeda.

1300 AM, Moisés Portillo, Santa Cruz de Mar.

CADENAS PRESIDENCIALES

(ACTUALIZADO A 29 DE DICIEMBRE DE 2010)

Año	N° de cadenas	Horas transmitidas h/m/s	Horas promedio
1999	94	78:07:27	00:49:52
2000	146	106:54:51	00:43:56
2001	118	118:04:09	01:00:02
2002	163	75:14:09	00:27:42
2003	203	168:18:33	00:49:45
2004	375	124:05:09	00:19:51
2005	217	109:05:40	00:30:10
2006	182	91:43:55	00:30:14
2007	164	119:52:01	00:43:51
2008	186	172:55:48	00:55:47
2009	141	142:30:26	01:06:58
2010	136	156:47:15	01:20:27
Total	2.125	1.464:01:45	00:41:33

Fuente: AGB Nielsen Media Research.

BIBLIOGRAFÍA BÁSICA RECOMENDADA

AYALA CORAO, Carlos. *La sentencia 1.942 vs La protección internacional de los Derechos Humanos*, documento PDF.

CORREA, Carlos / CALDERÓN, Débora (coordinadores). *El peso de las palabras. Procesos judiciales y libertad de expresión en Venezuela 2002-2006*. Caracas, 2007

CHAVERO GAZDIK, Rafael. *El reino de la intolerancia. El problema de la libertad de expresión en Venezuela*. Editorial Aequitas, Caracas, 2006

FAÚNDEZ LEDEZMA, Héctor. *Los límites de la libertad de expresión*. Universidad Nacional Autónoma de México, México, 2004.

LUCIEN, Óscar. *Democracia o Telecracia* en Comunicación Política (Medios de comunicación y democracia). Fundación Konrad Adenauer, Lima 1994

VV.AA. *La libertad de expresión amenazada. Sentencia 1.013.* (Allan Brewer-Carias, Héctor Faúndez Ledezma, Pedro Nikken, Carlos Ayala Corao, Rafael Chavero Gazdik, Gustavo Linares Benzo, Jorge Olavarría). Instituto Interamericano de Derechos Humanos. Editorial Jurídica Venezolana. Caracas/San José/2001

Consultas web
HUME, Ellen. *La libertad de prensa.*
http://spanish.argentina.usembassy.gov/cel7.html

JIMENEZ, Ingrid. *Venezuela y la OEA durante la era de Chávez.*
     Politeia. [online]. jul. 2002, vol. 25, no. 29 [citado 29 Abril
     2007], pp. 191-206. Disponible en: www2.bvs.org.ve/scielo.
     php?script=sci_arttext&pid=S0303-97572002000200008-
     &lng=pt&nrm=iso>. ISSN 0303-9757.
     www.mediocracia.wordpress.com/2008/01/10/los-nuevos-
     diques-a-la-propaganda-oficial
     www.urru.org/papers/2001_AtentadosPeriodistas.htm
     www.conatel.gob.ve/
     www.rnv.gob.ve/
     www.globovision.com/news.php?nid=123401
     www.analitica.com/vas/1999.12.4/articulos/31.htm
     www.noticias24.com

Tribunal Supremo de Justicia
Ponencia, tsj.gov.ve/decisiones

Diarios
El Nacional (www.el-nacional.com)
El Universal (www.eud.com)
Tal Cual (www.talcualdigital.com)
El Siglo (www.elsiglo.com.ve)
El Carabobeño (www.elcarabobeno.com)

Informes
Informe de seguimiento de prensa de Alberto Jordán Hernández
Informes de Espacio Público
Informes de Provea
Informe final de la Misión de Observación Electoral-Unión Euro-
     pea, Venezuela, 2005.
Informe de Human Rights Watch (2008): "Una década de Chávez.
     Intolerancia política y oportunidades perdidas para el progreso
     de los derechos humanos en Venezuela".
Informe Comisión Interamericana de Derechos Humanos (2009):
     "Democracia y derechos humanos en Venezuela".

ÍNDICE

www.ingramcontent.com/pod-product-compliance
Lightning Source LLC
Chambersburg PA
CBHW020330160726
47992CB00004B/1786